Der Berlin-Standard

Moderne Radverkehrspolitik made in Germany – Ein Bildband über Deutschlands erstes Mobilitätsgesetz

von Heinrich Strößenreuther (Autor)

Thiemo Graf Verlag

1. Auflage 2019

ISBN: 978-3-940217-25-7

www.thiemo-graf-verlag.de

Umschlaggestaltung: Katharina Ploog und Verena Kiesel, Berlin

Layout und Satz: LMG Copenhagen, Kopenhagen

Druck und Bindung: Druckhaus Nord, Bremen

Printed in Germany.

Inhalt

Heinrich Strößenreuther

Ohne ihn hätte es keinen Berlin-Standard, kein Rad- und Mobilitätsgesetz und keine deutschlandweite Radentscheids-Bewegung gegeben: Heinrich Strößenreuther, Deutschlands „erfolgreichster Verkehrslobbyist" (taz vom 22. Juni 2018).

In Wilhelmshaven geboren, wuchs er als Kind in Friesland mit dem Fahrrad auf. Als Jugendlicher radelte er zur Schule, zum Surfen, zum Feiern. Mit dem Rad unterwegs war er auch in Städten wie Mannheim, Stuttgart, Wuppertal, Bonn, Hamburg, Frankfurt, München, Kiel und Berlin – er liebt das Radfahren und ist außerdem leidenschaftlicher Klima-Aktivist.

Schon im Studium baute er eine bundesweite Studentenbewegung auf, um Umwelt- und Klimathemen in die BWL- und VWL-Studiengänge aufzunehmen. Nach Tätigkeiten im Deuschen Bundestag in einer Nachhaltigkeits-Enquete-Kommission und als Campaigner bei Greenpeace für Energiesteuern war er zehn Jahre als Führungskraft bei der Deutschen Bahn tätig und brachte 14.000 Lokführern energiesparendes Fahren bei.

Mit der Deutschen Bus gründete er sein erstes Start-up. Als Geschäftsführer seiner Agentur für clevere Städte unterstützt er Kunden wie Greenpeace oder VW, Deutsche Bahn oder ADFC als Interims-Geschäftsführer, Projektmanager oder Berater in Sachen CO2-Effizienz, Radverkehr und Kampagnenführung. Er ist Mitglied im Ausschuss für Stadtentwicklung und Infrastruktur der IHK Berlin und Alt-Stipendiat der Adenauer-Stiftung. Für seine Initiative Clevere Städte und den Volksentscheid Fahrrad hängte er seinen Job an den Nagel und sorgte mit 500 Tagen ehrenamtlicher Arbeit für einen Boost der deutschen Radverkehrspolitik.

BERLINS ERSTER „GESCHÜTZTER" RADWEG
IN DER HOLZMARKTSTRASSE – HIER NOCH
MIT PROVISORISCHEN BARKEN – IST 3,0 M BREIT.

Warum Sie mit dem Berlin-Standard wiedergewählt werden

"Lies das und mach das" – so möchte ich es Ihnen am liebsten zurufen!

Sie sind verantwortlich für Ihre Stadt, für die Leben in Ihrer Stadt, das gesunde und unversehrte Vorankommen in Ihrer Stadt und für die Tonnen an CO2-Emissionen aus dem Verkehr in Ihrer Stadt. Es gibt keinen, der mehr verantwortlich wäre – legen Sie los!

Gleichzeitig wissen Sie aus den letzten Jahrzehnten, dass die Medien Ihnen den Garaus bereiten, wenn Sie nur ein paar Parkplätze wegnehmen: Der Untergang des Abendlandes stünde kurz bevor, Sie würden zu Anti-Auto-Politikern von der Boulevard-Presse verunglimpft, Anwohner-Initiativen würden entstehen. Auch Frankreich zeigt gerade eindrucksvoll mit dem Gelb-Westen-Protest, dass Verkehrspolitik vermintes Gelände sein kann.

Wer wollte also gerne politischen Selbstmord begehen?

2009 beauftragte mich die Stadt Hamburg, in einem Klimaschutzgutachten[1] diejenigen verkehrspolitischen Maßnahmen zu bestimmen, die das Erreichen der CO2-Einsparziele von – damals noch – minus 40% gegenüber 1990 ermöglichen könnten.

Dreimal mehr Radverkehr und dafür Fahr- und Parkspuren zu Radwegen umbauen hätte die Antwort sein müssen – beides Aussagen, die Sie vergeblich in diesem Gutachten finden werden.

Zwei Dinge habe ich daraus gelernt: Dieser Konflikt um Flächen ist so groß, dass Politiker diesen rational in der aus Klimaschutzgründen erforderlichen Geschwindigkeit nicht alleine austragen können – und dass gewählte Politiker für die Verkehrswende die Unterstützung aus der Bevölkerung brauchen.[2]

Ein Volksentscheid hätte das Zeug dazu diese Probleme zu knacken, dachte ich in meinem Urlaub im August 2015 auf einer Bergtour im Allgäu. Nach etlichen Monaten Flächenkonflikt-Kampagne entschied ich mich, einen Radverkehrs-Volksentscheid anzuschieben. Frank Masurat, Mitglied im Vorstand des ADFC Berlin, lud kurz darauf die freien Initiativen und Engagierten ein, gemeinsam die Berliner Abgeordnetenhauswahl 2016 „mit dem Fahrrad zu begleiten" – die Geburtsstunde einer deutschlandweiten Bewegung der Radentscheide war da.

Das Ergebnis lässt sich sehen: In Berlin hat der Volksentscheid Fahrrad den Politikerinnen und Politikern diesen Rücken gestärkt. Von über 1.500 Medienberichten[3/4] über den Volksentscheid Fahrrad sind bestenfalls eine Handvoll negativ. Die Forderungen trafen den Nerv der Zeit – und sind jetzt gesetzlich verpflichtend zu erfüllen.

Tatsächlich sagen seit vielen Jahren mehr als 80% aller Bundesbürger, dass die Politik dafür sorgen möge, dass man in unseren Städten gut ohne Auto leben kann. Diese Wählerinnen und Wähler meinen das nicht als Floskel, sondern als Ausdruck eines Lebensgefühls über modernes Leben. Sicher und entspannt Fahrrad fahren – und ab und an vielleicht auch mal das Auto benutzen. Autofahrer fahren Fahrrad, Fahrradfahrer fahren Auto – das war unser Credo, unsere Haltung, als wir unsere Forderungen und Ziele erarbeitet haben.

Seit der ersten repräsentativen Umfrage von Berliner Medien stiegen die Zustimmungswerte[5] laufend bis auf Dreiviertel der Bevölkerung – eine satte Mehrheit, mit der sich in Sachen Radverkehr und Verkehrswende gut „durchregieren" lässt.

Machen Sie das, denn Ihre Wählerinnen und Wähler wollen das. Kopenhagen, Amsterdam, London, Paris – überall wird eifrig am Umbau von Asphalt und Beton für lebenswertere Städte geschraubt.

Seien Sie ein Teil dieser Bewegung, zeigen Sie Ihren Wählerinnen und Wählern, dass Sie Verkehrsprobleme mit der pfiffigsten Lösung für die Stadt angehen - mit dem Fahrrad!

Das Radverkehrs- und Mobilitätsgesetz, der Berlin-Standard: Dieses Buch gibt Ihnen die Anleitung dazu an die Hand.

Heinrich Strößenreuther, 11. Dezember 2018
(Auf den Tag drei Jahre, nachdem der Volksentscheid Fahrrad an die Öffentlichkeit ging)

For a better, modern urban future – ein Grußwort Made by Copenhagenize

Every publication that adds to our colossal library of knowledge about the benefits of cycling as a method of transportation in cities is important, timely and poignant.

The document you are reading right now, however, has taken things to the next level.

Those of us who work to put bicycles back into our cities after an absence of decades know all too well that repetition is necessary. The narrative on the benefits of urban cycling is tightly packed with conclusive data and undeniable proof. Nevertheless, we must continue talking, discussing, ... convincing a vast, disorganized army of sceptics. It's part of the game and we are tireless. Once in a while a document appears on our urban horizon that elevates the discussion.

In Danish, we have a saying: "One more time for Prince Knud". The Danish prince missed an integral scene during a ballet performance in 1959, so the ballet danced again an extra time just for him. It is not a flattering expression and indicates that something needs to be repeated, because the listener isn't really paying attention and is perhaps not that clever.

In a way, this document is aimed directly at all the Prince Knuds in Germany and beyond. There is updated data and observations, but the message is unchanged. It is carved in stone. Bicycles in cities make sense. Providing bicycle infrastructure is the best business model in the history of transportation. It's getting embarrassing for the politicians in cities who aren't moving towards this goal at full speed in order to save lives, improve cities, and modernize their urban landscape.

For decades, we have allowed traffic engineering and their outdated standards to dominate in the most brutal fashion the transport in our cities. It is time to knock them off their undeserved place on the pedestal and, instead, employ modern data, traffic models and experiences from other countries. It is time to ,place other disciplines like anthropology, traffic psychology, urban planning, and design at the top of the pyramid.

This document is the toolkit and guidebook that German cities need. It is, unsurprisingly, written by one of the most passionate visionaries I have come across recently. A true defender of urban citizens. Heinrich Strößenreuther possesses one formidable superpower: common sense. Listen to him. Learn from him. He wants what every one of us should want for our cities: a better, modern urban future.

It is an honour to be asked to write this forward, because Heinrich is a key individual on the planet for inspiring change. I rank the Radentscheid in Berlin as one of the most spectacular activist successes in decades.[6] Anywhere. Whenever I think I know it all, which might be often, I just think of Heinrich and the people who made it happen, and I am happily humbled.

The Danish philosopher Søren Kierkegaard wrote: "Everyone wants progress, no one wants change." If you keep reading, you are going to get both all at once. I always say that if you don't see bicycles as part of the solution, you are part of the problem. This important document will help you embrace the former and discard – once and for all – the latter. It's time to save and improve urban lives.

By Mikael Colville-Andersen
Urban design expert, founder of Copenhagenize Design Co.[7] and host of The Life-Sized City tv series about urbanism, 08 December 2018, Copenhagen

MICHAEL GROSCHEK (LINKS), DAMALIGER MINISTER FÜR BAUEN, WOHNEN, STADTENTWICKLUNG UND VERKEHR IN NORDRHEIN-WESTFALEN, MIT DEM BUNDESGESCHÄFTSFÜHRER DES ADFC, BURKHARD STORK, IN CHICAGO.

Heute Fahrradstadt, morgen Fahrradland

Burkhard Stork ist Bundesgeschäftsführer des Allgemeinen Deutschen Fahrradclubs e.V. (ADFC). Der Verband will die Verkehrswende und fordert dafür einen Paradigmenwechsel in der Radverkehrsplanung. Der ADFC hat den Volksentscheid Fahrrad in Berlin unterstützt. Ein Interview über moderne Radverkehrsinfrastruktur.

Thiemo Graf: Sie sehen Amerika als Vorbild – obwohl dort viel weniger Menschen Fahrrad fahren als bei uns. Wie kommt das?

Burkhard Stork: 2012 habe ich an der Velo-City, der wichtigsten Rad-Konferenz der Welt teilgenommen. Da war Aufbruch, sowohl bei der Tagung als auch in der Stadt Vancouver. In der ganzen Stadt wurden neue Radwege ausprobiert. Ich war begeistert, wie gut ich da selber fahren konnte. Kurz zuvor war auf einer wichtigen Einfahrtstraße auf einer Brücke eine Autospur in eine Rad- und Fußspur umgewidmet worden. Und genau diese Aufbruchsstimmung habe ich bei der Tagung auch bei vielen Nordamerikanern gefunden.

Aufbruchsstimmung?

Ja. Roger Geller, der Radverkehrsbeauftragte von Portland, hatte schon 2007 einen Aufsatz darüber geschrieben, ob denn eigentlich die Grundidee der nordamerikanischen Fahrradförderung die richtige ist: Seit Jahrzehnten galt, dass Menschen auf dem Rad sich am sichersten fortbewegen, wenn sie nicht eigene Infrastruktur nutzen, sondern sich selbstbewusst zwischen den Pkw und Lkw auf der Straße bewegen.

Gellers hat das in Frage gestellt?

Geller hat dagegen die Mutmaßung aufgestellt, dass nur ein winziger Teil der Bevölkerung so Radfahren will. Eine Mehrheit der Bevölkerung, 60% schätzte Geller, würde das Fahrrad nur dann nutzen, wenn es sich auch für sie wirklich sicher und gut anfühlt. „Interested but concerned“ nannte er diese Gruppe – am Radfahren interessierte, aber besorgte Menschen. In New York hat kurz darauf die Verkehrsdezernentin, Janette Sadik Khan, sehr viele verschiedene Radwegformen ausprobiert und sehr schnell zeigen können, dass diese von den Menschen sehr unterschiedlich wahrgenommen werden. Sie konnte rasch neue Menschen für das Fahrrad gewinnen – mit geschützten Radfahrstreifen, die vom Autoverkehr getrennt waren. Das ist mit Studienergebnissen gut belegt.

Radwege gab es doch auch in anderen Ländern, in Deutschland oder den Niederlanden?

Ja, aber New York, Chicago und dann auch viele andere Städte in Nordamerika, auch Vancouver, haben Autofahrstreifen genommen und in Radfahrstreifen umgewandelt, die sie mit Plastikpfosten, Blumenkübeln oder anderem zum Autoverkehr hin geschützt haben. Geschützt, breit, gute Oberfläche und trotzdem schnell herzustellen – das war das Neue!

Und in Deutschland? Gab es da keinen Aufbruch?

Nein, in Deutschland war alles bleischwer, wirkte unbeweglich. Seit Jahren fehlte das Aufbruchgefühl. Viele aus der Radszene waren frustriert. In den Städten war seit Jahrzehnten annähernd nichts passiert. Gute Leute in Stadtverwaltungen mussten über winzige Verbesserungen glücklich sein, weil sie wussten, richtige waren nicht zu erreichen.

Wie ging es dann weiter mit der Idee der geschützten Radwege?

Der ADFC hat den Aufbruch aus Nordamerika ernst genommen. Wir haben unser verkehrspolitisches Grundsatzprogramm überarbeitet und die internationale Studienlage geprüft. Der ADFC-Bundesvorstand, allen voran Ludger Koopmann, legte den Gremien des Verbandes einen Vorschlag zur Neuausrichtung der ADFC-Positionen vor: Der Mehrheit der Menschen sollte durch geschützte Radwege die objektive Sicherheit und das subjektive Sicherheitsgefühl gegeben werden, das sie brauchen, um mit dem Radfahren zu beginnen.

Der Volksentscheid Fahrrad hat diese Position umfassend aufgegriffen: Geschützte Radwege und das subjektive Sicherheitsgefühl gehörten zum Kern ihrer Forderungen und ihrer Kampagnen-Arbeit. Auch der ADFC-Bundesverband und die Landesverbände haben sich in mehreren Schritten, immer annähernd einstimmig, dazu entschieden. Richtig Schwung hat das dann in Berlin aufgenommen. Neben vielen anderen

BEISPIEL FÜR EINE „GESCHÜTZTE" KREUZUNG
IN UTRECHT (NIEDERLANDE).

Fahrrad-Initiativen hat Heinrich Strößenreuther mit seiner Initiative Clevere Städte neue Akzente gesetzt. Sein Anstoß zum Volksentscheid fiel auf fruchtbaren Boden, als der ADFC Berlin zur Kooperation hinsichtlich der Abgeordnetenhauswahl 2016 aufrief.

Wie wurde die Neuausrichtung außerhalb des ADFC wahrgenommen?

2012 habe ich angefangen über Gellers Ideen und die amerikanischen Umsetzungen bei Vorträgen in Deutschland zu reden. Die Zustimmung stieg zunehmend – in der Fachöffentlichkeit und in den Medien: Ich erinnere mich an einen ersten Artikel in ZEIT ONLINE, bei dem es Hunderte von Kommentaren gab die zeigten, dass wir auf dem richtigen Weg sind. Zunehmend stand der Konsens, dass die Radverkehrsförderung so mehr erreichen kann als mit dem ursprünglichen Ansatz von einfachen, niemand schützenden Markierungen auf der Straße.

War denn die Arbeit des ADFC und der Radverkehrsförderung bis dahin falsch?

Ganz bestimmt nicht. In den letzten 40 Jahren konnten wir in Deutschland den Radverkehrsanteil im Gegensatz zu den USA, Großbritannien oder Frankreich halten. Gleichzeitig sind die Verkehrsmengen, also die Zahl der Fahrten und die zurückgelegten Personenkilometer, massiv gewachsen. Wenn dabei der Anteil des Radverkehrs gleichbleibt, bedeutet das, dass auch der Radverkehr mitgewachsen ist! Nicht zu vergessen: Deutschland ist das führende Land im Fahrradtourismus. Im Tourismus ist es schon gelungen, Millionen von Menschen auf das Fahrrad zu bringen! Dieser Erfolg des ADFC schwabbte dann zunehmend auch in die Städte.

Warum dann das Neue?

Wir wollen die Verkehrswende, die es ohne das Fahrrad als wichtigstem Verkehrsmittel für die Strecken von unter fünf Kilometer nicht geben wird. Jede zweite Fahrt mit dem Auto ist kürzer als fünf Kilometer. Wenn wir von denen einen großen Teil auf Rad und Fuß holen wollen, müssen wir Millionen Menschen für das Radfahren im Alltag neu gewinnen: Menschen, die künftig das Fahrrad als bessere Alternative zum Auto wahrnehmen sollen.

Wie gewinnen wir die?

Zuallererst indem wir ihnen eine hervorragende Infrastruktur anbieten, die außerhalb von Nachbarschaftsstraßen auf ein geschlossenes Netz von separierter Infrastruktur auf der Strecke und an Kreuzungen setzt. Wir müssen die Idee umsetzen, dass sich Menschen von 8 bis 80 Jahren im Radverkehr selbständig sicher bewegen können: „Würde ich meine achtjährige Tochter mit meinem 80-jährigen Vater da fahren lassen?" – das ist die Testfrage für gute Radwege für die Stadtplanerin und den Kommunalpolitiker.

Getrennte Radwege gelten bei einigen deutschen Experten noch als unsicher. Vor allem an Kreuzungen kommt es immer wieder zu sehr schweren Abbiegeunfällen. Trotzdem sind Sie dafür?

Wir haben in den 80er Jahren Radwege hinter geparkten Autos und Bäumen auf dem Gehweg versteckt. Das macht sie, vor allem an Kreuzungen, tatsächlich gefährlich. Wir wissen heute, dass wir breite, gut einsehbare und geschützte Radwege brauchen. Gute, geschützte Radwege müssen dann über gute, geschützte Kreuzungen geführt werden. Geschützte Kreuzungen sind Kreuzungen, bei denen Schutzinseln eingesetzt werden und die Fahrbahnen so verschwenkt werden, dass Abbiegegeschwindigkeiten gesenkt und Sichtbeziehungen verbessert werden. Auch eine bessere Ampelsteuerung hilft.

Sind das Mobilitätsgesetz und der Berlin-Standard dafür eine Blaupause?

Alle wichtigen Ansätze sind enthalten, die Kernforderung nach geschützten Radwegen ist im Paragraph 43 erstmals gesetzlich verankert. Deutschland kann von diesem Berlin-Standard noch einiges lernen. Erste gute Beispiele sind in Berlin umgesetzt, die fantastischen Beispiele aus dem Ausland, vor allem aus den Niederlanden, werden zunehmend unwichtiger.

Das Interview führte Thiemo Graf

1 MODERNE RADVERKEHRSPOLITIK BRAUCHT STRATEGIE: SONNTAGSREDEN HELFEN NIEMANDEM

NO_x-GRENZWERT-ÜBERSCHREITUNG AM KAISERDAMM UND IN DER BISMARCKSTRASSE IN BERLIN.

Der Radverkehr ist systemrelevant

1,5 Grad-Temperatur-Steigerung ist die Grenze, bei der das Klima unwiederbringlich kollabiert. Diese Grenze einzuhalten ist rechnerisch simpel: Kurzfristig sind bis 2030 an die 55% der CO2-Emissionen von 1990 einzusparen, bis 2050 ist die Klimaneutralität im Verkehr zu erreichen.

Maßnahmen, die unter Schlagworten wie Verkehrswende, intelligentes Verkehrskonzept oder Mobilität von morgen diskutiert werden, gibt es viele. Zum Beispiel den Nahverkehr ausbauen. Hört sich toll an, lässt sich aber nur sehr langsam realisieren, da mit Lieferfristen, Infrastrukturausweitungen, Enteignungen, Planungsprozessen und einem riesigen Finanzbedarf zu rechnen ist. Oft fährt frühestens nach zehn Jahren der erste neue Zug. Schon heute sind in den Hauptverkehrszeiten die Kapazitäten ausgeschöpft. Wer den Ausbau fordert, muss den Straßenbauhaushalt auf Null runter fahren und alles in den ÖPNV stecken – auch dann wird es kaum ausreichen.

Autonomes Fahren? Senkt zwar die Anzahl der Pkw, aber könnte deren Fahrtenzahl und die Kilometerleistung explodieren lassen, da Autofahren bequemer, zugänglicher und billiger werden würde. Unsere Städte führt dieser massive Rebound-Effekt (Rückschnalz-Effekt) direkt zur autogerechten Stadt 2.0.

Der Schlüssel liegt darin, für weniger Pkw- und mehr Radfahrten zu sorgen. Um 100.000 Tonnen CO2 einzusparen[1], müsste rechnerisch

- **die Fahrleistung von 50.000 Pkw durch Radverkehr ersetzt werden,**
- **550 Mio. Personenkilometer (Pkm) statt mit dem Pkw mit dem Rad oder zu Fuß zurückgelegt werden,**
- **900 Mio. Pkm statt mit dem Pkw mit dem ÖPNV erfolgen oder**
- **1.400 Mio. Pkm weniger mit Bus und Bahn gefahren werden und dafür geradelt oder zu Fuß gegangen werden.**

Wer traut sich, wer mag zuerst? Der Schlüssel der Verkehrswende liegt in der massiven Förderung des Radverkehrs: Er funktioniert emissionslos und braucht nur minimale öffentliche Gelder. In der Stadt müssen Sie die heutigen ÖPNV-Nutzer auf den kurzen Strecken aus ihren Bussen und Bahnen locken, um den Einpendlern auf den mittleren und langen Strecken Platz zu machen: Diese Kapazitäten lassen sich leider nur sehr langsam ausbauen. Tatsächlich sind die Pkw-Fahrten ab zehn Kilometern Länge das größte Emissionsproblem und stehen für ca. 75% der CO2-Emissionen: Die Einpendler aus den Speckgürteln und Einzugsgebieten, sie fahren viel, lange Strecken und häufig allein im Auto.

Der Radverkehr ist systemrelevant. Um mehr Menschen aufs Rad zu holen, bedarf es attraktiver, sicherer und ausreichender Fahrradinfrastruktur – und genau hier lauert der Konflikt:

Welcher Politiker traut sich schon, dem Autoverkehr ein paar Quadratmeter Park- und Straßenfläche wegzunehmen, um daraus Fahrradwege zu machen?

Der Dreh- und Angelpunkt der Verkehrswende und das Erreichen der Klimaziele ist die Flächenverteilung in unseren Städten, die Flächengerechtigkeit und letztlich der Flächenkonflikt. Denn nichts anderes ist Verkehrspolitik: Die Verteilung von Flächen und Budgets, um entweder dem Pkw-Verkehr noch mehr Parkplätze und Fahrspuren zu geben oder die Radwege attraktiv und sicher zu gestalten.

Verkehrswende, NOx und CO2 – eine Frage der Flächen

Wollen Sie mehr Radverkehr? Dann müssen Sie sichere und attraktive Radwege anbieten, die Flächen brauchen. Wollen Sie schnellen und pünktlichen Nahverkehr? Dann müssen Sie Busspuren schaffen, freihalten und beschleunigen.

Mit unserem Flächengerechtigkeitsreport[8] haben wir mit zwei Dutzend Studentinnen in Berlin mit Zollstock und Google Maps 200 Straßen vermessen. Das Ergebnis war ernüchternd: 3% der Verkehrsflächen sind für den Radverkehr reserviert, 20-mal mehr für den Autoverkehr fürs Parken und Fahren, obwohl in Berlin in der Innenstadt inzwischen mehr Menschen Rad als Auto fahren.

Der Ruf nach intelligenten Verkehrskonzepten – oder gerne auch integrierten Verkehrskonzepten – blendet systematisch aus, dass es immer um diese Verlagerungen geht: Den Autofahrern Flächen wegzunehmen, um sie den Fußgängern, Radfahrenden oder dem ÖPNV zu geben. Verkehrsverlagerung bleibt ein technokratischer Hülsenbegriff, Flächenumwidmung trifft den Punkt besser. Dafür braucht es politische Gestaltungskraft und eine klare Strategie.

Werden Sie bitte mal ehrlich: Wenn Sie nicht wirklich gewillt sind, dem Autofahrer ein paar Quadratmeter wegzunehmen und dessen Vorankommen etwas schlechter zu machen, um dem Radverkehr mehr Platz einzuräumen und das Leben von Radfahrern sicherer zu machen, dann sparen Sie sich ab hier das Weiterlesen.

Nehmen Sie das Buch und verschenken Sie es dann lieber Politikern, die sich das trauen. Wirklich. Ich meine das ganz ernst.

Die Wissenschaftler aus der Volkswirtschaftslehre haben das Phänomen schon lange beschrieben, als das sogenannte Pareto-Optimum. Angewendet auf die Verkehrswende heißt das Flächen-Pareto-Optimum: Keiner kann mehr Platz bekommen, ohne dass er anderen genommen wird.

Freut mich, Sie haben weitergelesen! Damit wird klar, welcher Job auf Sie zukommt: Es den Autofahrern zu nehmen, um es den Radlern zu geben – sichere Verkehrsflächen. Ich möchte Ihnen helfen, clevere Strategien und Taktiken zu entwickeln, um die Verkehrswende politisch als Gewinner zu gestalten. Das Buch gibt Ihnen die Anleitung dazu, wie sichere und attraktive Radwege und Kreuzungen aussehen, wie breit sie sein müssen und warum Sie diese Maßnahmen umsetzen sollten.

Keine Angst, für den Autoverkehr geht die Welt nicht unter. Alle Maßnahmen dieses Buches zusammengenommen verdoppeln zwar den Flächenanteil des Radverkehrs von 3% auf 6%[9], reduzieren die Flächen des Autoverkehrs gerade aber mal um drei Prozentpunkte. Ich meine, das ist angemessen.

Sie wollen also wirklich wirklich* eine Verkehrswende?

Massiv für die wirksame Reduktion der CO2- und NOx-Emissionen sorgen und Ihre Stadt lebenswerter machen wollen?

Dann lesen Sie bitte weiter.

*) Deutsche Übersetzung des englischen Begriffes Commitment

Radwege – zum Preis eines Weizenbieres

Radverkehr ist fast die billigste Verkehrsart, die es gibt. Nur Fußverkehr geht noch günstiger, eigentlich braucht es dafür nur gute Schuhe und einen noch halbwegs rüstigen Körper. Ein Schotterweg, eine Wiese – alles lässt sich zu Fuß erreichen. Wollen wir es bequemer, müssen es trockene Fußwege sein, ein Trottoir frei von Schlamm und Schilf oder auch mal eine Fußgängerbrücke.

Das gleiche gilt für den Radverkehr. Mit einem Mountain-Bike schaffen Sie fast jede Strecke, Googeln Sie doch einfach mal „Danny Macaskill: The Ridge"[10] und überzeugen sich. Wollen Sie allerdings mehr Menschen für den Radverkehr gewinnen als nur ein paar Red-Bull-gedopte BMX-Freaks, braucht es breite und bequeme Radwege. Man möchte wie im Auto auch nebeneinander fahren und sich unterhalten können, sicher abgegrenzt von furchterregend tosenden 40-Tonnern radeln und nicht nur rote Welle haben, sondern auch den „Flow" der grünen Welle genießen, wie es für Autofahrer oft eine Selbstverständlichkeit ist.

All das kostet Geld. Aber ehrlich gesagt, es handelte sich bislang um Peanuts. Wir haben in Berlin nachgerechnet[11]: Bislang wurde für den Preis eines Weizenbieres[12] pro Einwohner und Jahr in den Radverkehr investiert: Gerade mal 3,80 Euro betrug das jährliche Vergleichsbudget. Für den Kfz-Verkehr wurden dagegen satte 80 Euro auf den Tisch gelegt, der ÖPNV verschlang 290 Euro pro Einwohner und Jahr an Zuschüssen, Ticketpreise noch nicht eingerechnet.

Für das Rad- und Mobilitätsgesetz muss der Berliner Senat an die 660 Mio. Euro bis 2030 investieren. Hört sich viel an? Nicht für Berliner Verhältnisse. Wir gönnen uns drei Kilometer Autobahn für 450 Mio. Euro, Berliner Teuerung unberücksichtigt. Die Stillstandskosten des im Bau befindlichen, immer noch nicht eröffneten Hauptstadtflughafens belaufen sich auf über 1 Mio. Euro pro Tag – für nix. Fast alle größeren Bauten haben am Schluss schnell 20–30% mehr gekostet: nicht nur in Berlin, auch bei den sparsamen Schwaben mit ihrem Stuttgart 21.

Geld ist genügend da, es wird nur falsch ausgegeben: Steuergelder, die heute in den Pkw- und Lkw-Verkehr fließen sollen, dürften Sie morgen nur noch in die CO2-armen Verkehrsarten Fuß- und Radverkehr, ÖPNV, Bahn und Sharing investieren.

Schauen Sie auch gleich beim Personal mal nach wie viele Planer Straßen für den Kfz-Verkehr planen, und ob Sie mindestens genauso viele Kollegen an den Zeichenbrettern haben, die für den Radverkehr arbeiten. Wenn nicht, lassen Sie umschulen, um in Zukunft die richtigen Dinge tun zu lassen. Wie Sie sehen werden, ist die Planung guter Radinfrastruktur leichter, als Sie denken.

Stellen Sie sich auf Widerstand ein, denn Bauingenieure bekommen feuchte Augen, wenn es um Beton geht: Je tiefer, desto besser, je dicker, desto spannender. Radwege sind da ganz anders. Oft helfen schon Pinsel, Farbe und ein paar Poller, um einen Parkstreifen zu versetzen und wie von Zauberhand einen sicheren und geschützten Radweg zu schaffen. Sie müssen Ihre Kollegen schon gewinnen für ihre neue Aufgabe …

Ihren Job hat schon Antoine de Saint-Exupéry beschrieben: „Wenn Du ein Schiff bauen willst, dann trommle nicht Männer zusammen, um Holz zu beschaffen, Aufgaben zu vergeben und die Arbeit einzuteilen, sondern lehre sie die Sehnsucht nach dem weiten, endlosen Meer."

ENTSPANNTES, SICHERES RADFAHREN
BEI GUTER INFRASTRUKTUR IN DÄNEMARK.

Radverkehr jenseits von Helmen und Reflektoren sicherer machen

Fragt man nah am Auto gebaute Verkehrspolitiker über die wichtigsten Maßnahmen für mehr Sicherheit beim Radfahren, bekommt man gutgemeinte Vorschläge zu hören wie mehr Reflektoren tragen, mehr Helme oder gar eine Helmpflicht, Kennzeichen und strengere Bußgelder für Radfahrer. Aber löst das irgendein Problem?

Die sollen sich nur schützen, dann passiert weniger, z.B. Helme tragen. Studien haben inzwischen nachgewiesen, dass dann Autofahrer noch enger überholen[13] und das martiale Aussehen ängstliche Seelen vom Radfahren abschreckt. Tatsächlich sterben viereinhalb Mal mehr Autofahrer mit Kopfverletzungen als Radfahrer, aber über die Helmpflicht im Auto spricht keiner.[14]

Also was ist hier eigentlich wirklich los?

Es geht um Sorge – nur drückt es so niemand aus: Plötzlich ist da dieser Radfahrer. Und die sind ja so schnell. Gesehen habe ich den auch nicht. Aber die machen ja eh was sie wollen. An Rot hält sich von denen sowieso keiner mehr.

Das ist in etwa die Standardgeschichte, wenn ich als republikbekannter Fahrrad-Lobbyist als Beifahrer im Auto mitfahre. Schwang in den ersten beiden Sätzen die Sorge mit, Radfahrer nicht anzufahren oder verletzen zu wollen, kehrt es sich in Sekundenbruchteilen in eine konfrontative Haltung um. Tatsächlich ist es aber die ernst gemeinte Sorge, überschattet von dem Gefühl, mit dem stark anwachsenden Radverkehr allein gelassen zu werden.

Niemand möchte gerne für Tod oder Verletzungen anderer verantwortlich sein – und wird trotzdem mit seiner unterschwelligen Angst alleine gelassen. **Statt auf das berühmte Miteinander im Verkehr weiter zu hoffen, sollten Sie Ihr Augenmerk auf das bauliche Lösen der Flächen- und Verkehrskonflikte richten.** Denn wachsender Radverkehr erfordert andere Infrastrukturen: sicher und funktionierend für alle Beteiligten. Ein getrennter, sicher geführter Radweg, eine geschützte Kreuzung („Protected Intersection") entspannt Konflikte und vereinfacht Alltagssituationen.

Fahren Sie mal in den Niederlanden Auto: Das ist gechilltes Cruisen auf höchstem Niveau. Selten haben Sie das Gefühl, in Gefahrensituationen mit Radfahrern zu geraten, alles erscheint natürlich geordnet zu sein.

Helfen Sie Ihren Autofahrern, sich trotz des wachsenden Radverkehrs entspannt in ihrem Auto von A nach B bewegen zu können. Verwandeln Sie deren Sorge in überzeugende Argumente für eine gute Infrastruktur für beide – und Sie werden ein Mehr an gutem Miteinander ernten, weniger Aggression und weniger Tote und Verletzte.

Gestalten Sie den Spielraum für das natürliche Fehlverhalten der Starken und Schwachen mit. Dann wird der Radverkehr wachsen: Autofahrerinnen, die sich heute noch nicht aufs Rad trauen, setzen sich auf den Sattel. So reduzieren sie Stau- und Parkplatzsorgen für alle anderen, die zwingend aufs Auto angewiesen sind oder es sich emotional nicht anders vorstellen können.

Reflektoren, Helm- und Kennzeichenpflicht sind 80er[15], Verkehrswende und moderne Radverkehrspolitik fängt beim Angebot an: Hieß es früher „Freie Fahrt für freie Bürger", wollen Ihre Wählerinnen und Wähler heute „Freie Wahl für freie Bürger." Säen Sie gute Radinfrastruktur und ernten Sie mehr Radverkehr, mehr glückliche Bürger und mehr Rückhalt an der nächsten Wahlurne.

EINE EINDRÜCKLICHE AKTION VON CHANGING CITIES
ZUM UNSINN BELANGLOSER STRASSENMALEREI.

Freie Wahl für freie Bürger?!

Ein Streitgespräch bei der taz zwischen dem damaligen Verkehrsstaatssekretär und mir führte nicht direkt zu einer neuen Freundschaft, aber zu einer wichtigen Daumenregel für sichere Radwege: Ob wir uns denn wenigstens einig wären, dass Radwege dann sicher wären, wenn Eltern ihre Kinder darauf sorgenlos Radfahren lassen. Ein klares JA war die beherzte Antwort.

Tags darauf war die Kooperation mit der Berliner Morgenpost eingetütet. 50 Fotos von Radwegen wurden hochgeladen und den Lesern genau diese Frage gestellt: Würden Sie hier Ihr Kind alleine Radfahren lassen?

Mit desaströsem Ergebnis: Über 90% aller Radwege Berlins wurden als nicht sicher eingestuft. Ausnahmslos alle Straßenpinseleien, genannt Radschutz- und Angebotsstreifen[16], sind durchgefallen. Die Leipziger Straße mit dem mittlerweile ergrauten Breitstrich nahm das Schlusslicht ein, Berlins sicherster Radweg findet sich an der Straße des 17. Juni. Dort verläuft seit Jahren die Radspur auf der richtigen Seite der parkenden Autos: rechts davon, der Radstreifen wurde mit dem Parkstreifen getauscht.

Schon lange zeigen Umfragen des Umweltbundesamtes, dass mehr als 80% der Bürger auch ohne Auto sicher von A nach B kommen wollen und damit der Politik den Rückhalt aussprechen. Als in Berlin die erste Umfrage zum Radverkehrsgesetz des Volksentscheids Fahrrad im Juni 2016 von der Berliner Morgenpost und von Radio Berlin-Brandenburg veröffentlicht wurde, unterstützten 62% der Befragten und sogar 50% der Autofahrer die Forderungen. Nach der Wahl und den Koalitionsverhandlungen von Rot-Rot-Grün, nachdem also klar war, es wird ernst mit dem Umbau der Stadt in Sachen Radverkehr, stieg die Zustimmung auf 73%.[5] Auch in der Schweiz haben bei einer landesweiten Volksabstimmung 73% der Bürger entschieden, dass der Ausbau von Radwegen Verfassungsrang bekommen solle. Die Mehrheiten sind da – Sie dürfen sich trauen!

„Freie Wahl für freie Bürger" – so könnte man die neue Stoßrichtung für die Verkehrspolitik bezeichnen. Schaffen Sie sichere Wahlmöglichkeiten, Radwege, auf denen Ihre Kleinsten und auch Ihre Seniorinnen sich sicher und wohl fühlen. Die Menschen steigen dann fast von alleine um, denn Radfahren in Städten und auf kurzen Wegen ist eine der coolsten, schnellsten, bequemsten, billigsten und pfiffigsten Arten von A nach B zu kommen.

Ein Radweg ist dann gut und attraktiv, wenn Sie Ihr Kind darauf alleine fahren lassen würden.

Umfragen belegen immer wieder, dass breite, geschützte Radwege nach der Eröffnung deutlich mehr Leute aufs Rad bringen als belanglose Straßenpinseleien, die die 40-Tonner-Fahrer und Falschparker nicht wirklich ernst nehmen. Wenn knapp 60% der getöteten Radfahrer über 65 Jahre alt sind, dann stimmt an der Infrastruktur und dem Verhalten der stärkeren Verkehrsteilnehmer wenig.[17]

Mutige, männliche Ü20-Radler trauen sich fast auf jede Straße, aber die können sie an einer Hand abzählen. Für die Verkehrswende zielen Sie auf die Masse. Planen und bauen Sie nach den Bedürfnissen der Kleinsten, Senioren und Unsicheren und Sie holen alle aufs Rad! Bauen Sie diese sicheren Radwege und verfolgen Sie, wie mehr und mehr Menschen das Rad wählen.

P.S.: Buchen Sie doch Ihren nächsten Urlaub nach Grado an die italienische Adria bei Venedig: In keiner Stadt habe ich mehr betagte Rüstige auf dem Rad gesehen – wegen guter geschützter Radwege.

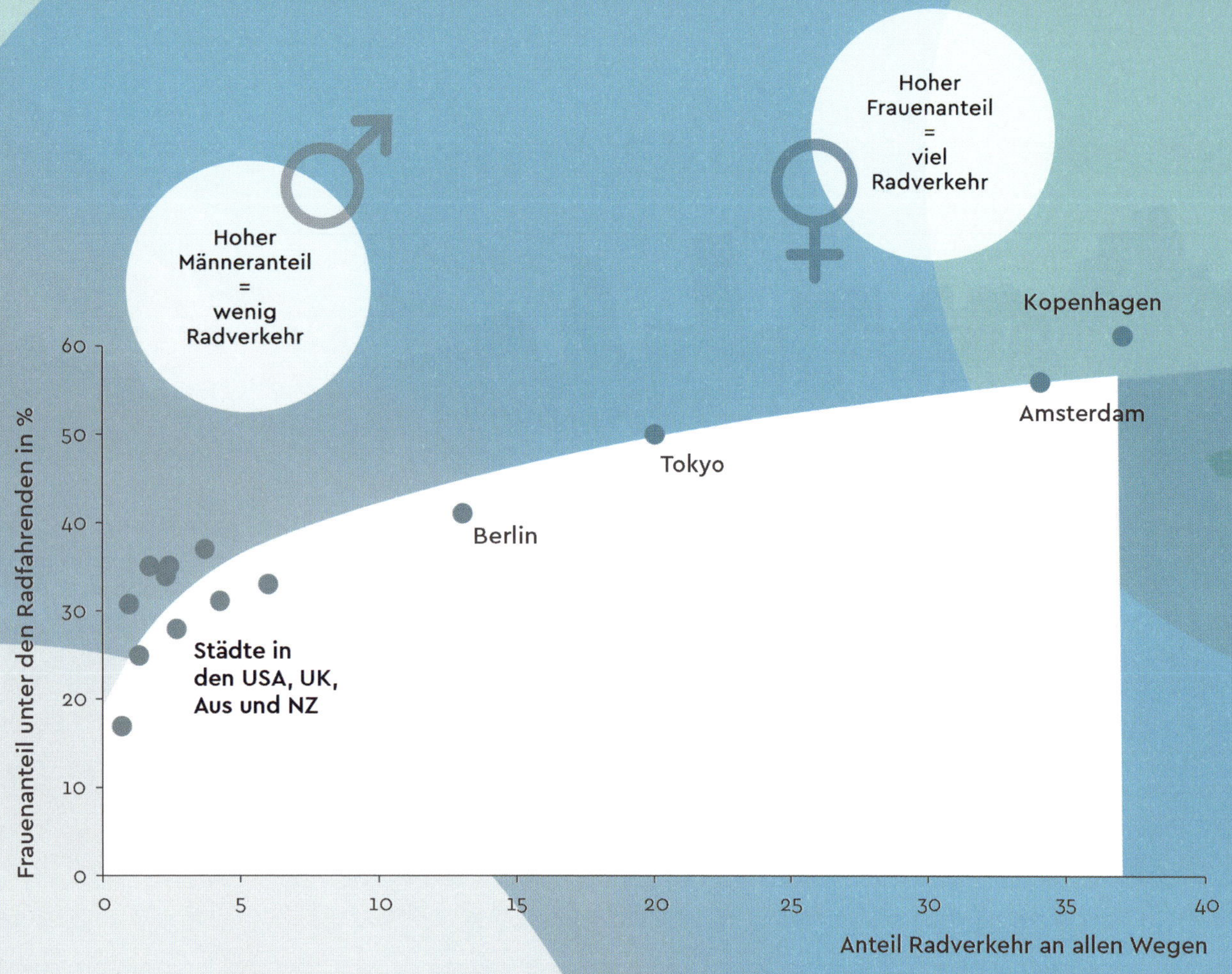

Quelle: Garard, Handy und Dill, „Women and Cycling" von Pucher und Buehler (eds.), City Cycling, Cambridge, MA: MIT Press, 2012

WER MEHR RADVERKEHR WILL, MUSS MEHR FRAUEN AUF DAS RAD LOCKEN. NUR BEI SICHEREN RADWEGEN UND KREUZUNGEN TRAUEN SICH DIE UNSICHEREN IN DEN SATTEL.

Vom Gespür für Gefahren – warum es um Radfahrerinnen geht

Spitzenpolitiker fahren kein Rad, weil sie Angst haben. Der letzte Verkehrssenator sagte vor laufender Kamera, dass er auf manchen Straßen so viel Angst mit dem Rad hätte, dass er lieber auf dem Gehweg fahren würde. Der verkehrspolitische Sprecher der Berliner CDU-Fraktion traut sich nicht mehr aufs Rad, die Sprecherin des Berliner SPD-Mobilitätsausschusses, Spitzenfrauen im Bundestag – ernst zu nehmende Stimmen aus der Mitte der Gesellschaft, eher Frauen als Männer.

Ganz häufig radeln Damen im gestandenen Alter mit größter Selbstverständlichkeit auf den Gehwegen, kreuz und quer. Um Angst geht es, um das Gefühl von fehlender Sicherheit und auch um Unbequemlichkeit. Da helfen keine Normen, keine Unfallstatistiken, es geht um gefühlte Sicherheit und Willkommenskomfort.

Gespeist von den täglichen Alltagserfahrungen des Geschnitten-Werdens beim Wiedereinscheren, zu engem Überholen, von unerlaubten Geschwindigkeiten, zugeparkten Radwegen, lebensgefährlichen Überholmanövern von 40-Tonnern, SUVs, Adrenalin-süchtigen Radfahrern und zeitgestressten Lieferwagen-Fahrern. Das Vertrauen auf eine fehlertolerante, risikosenkende Infrastruktur und ein regelkonformes Verhalten ist der Maßstab, nach dem über Radfahren oder nicht entschieden wird.

„Indicator species" nennt eine australische Verkehrswissenschaftlerin[18] die Frauen auf dem Rad. Wenn Frauen häufiger als Männer auf dem Rad anzutreffen sind, dann stimmt die Infrastruktur, sonst nicht.

Frauen, oder der kindererziehende Partner, haben mehr die kurzen Wege zur Kita, zum Einkaufen, zu den Nachmittagsterminen, die sie beliebig kombinieren. Pendler-Strecken werden dagegen eher nach dem Bild gebaut, das männliche Verkehrsplaner von Verkehr haben: Berufspendler-Verkehre im Auto, obwohl diese nur ein Sechstel aller Wege ausmachen.

In Amsterdam und Kopenhagen fahren mehr Frauen als Männer Fahrrad. Überall sonst gibt es den Gender-Gap, der mit Mut, oder besser gesagt mit dem Gespür von fehlender Vision Zero zu tun hat. Fühlen sich Menschen ängstlich im Verkehr, fahren sie nicht Rad und schlimmstenfalls Auto. Fühlen sie sich sicher, sitzen sie gerne auf dem Rad. Fahren im Winter mehr Frauen Rad, können Sie sich auf die Kerle freuen, die im Sommer nachziehen.

Wenn Sie mehr Radverkehr wollen, finden Sie heraus, was Frauen wollen.

Wo wird viel mit Helm und reflektierenden Westen gefahren (dort ist es unsicher), wo nicht? Wo wird der Gehweg benutzt und Fußgänger beeinträchtigt, wo nicht? Wo radeln wenige Frauen entlang, wo viele? Wo nehmen sie Umwege in Kauf, wo nicht?

Im Folgenden sprechen wir deshalb von Radfahrerinnen, denn genau um diese geht es*.

Gewöhnen Sie sich an den Gedanken, mehr Frauen durch sichere Radwege für den Umstieg zu gewinnen: Sie werden dann die richtigen Prioritäten setzen und die richtigen Entscheidungen ganz von alleine treffen.

Falls es Ihnen schwerfällt: Fragen Sie einfach Frauen, Mütter und Damen, aus denen sprudelt es nur so heraus. Sie müssen dann nur noch loslegen.

Übrigens: In Autos fährt meist ein leerer Beifahrersitz mit. Beim Radfahren herrscht jedoch Fahrverbot fürs Zweisame – und damit Kommunikationsverbot. Bei breiten Radwegen oder Radschnellwegen ist das anders. Dort unterhalten sich radelnde Menschen beim Nebeneinander-Fahren, eine Lebensqualität, die Auto- und Radfahrerinnen gleichsam schätzen. Sorgen Sie für breite, sichere und attraktive Radwege – und Ihr Radverkehr wächst schneller als Sie zählen können.

* P.S.: Männliche Radfahrer sind natürlich mitgemeint.

SPORTIV
ÜBER-
ZEUGT
BESORGT
VER-
WEIGERT

Für wen Sie es machen – ein Blick auf Ihre Zielgruppen

Denken Sie bei Radfahrern eher an Kampfradler, an Kinder, an Frauen oder Männer, an Anzug- oder Lycra-Träger? An Mamils (middle aged men in lycra), das Bild, dass oft in den Köpfen ist? **Für wen, dachten Sie, wollen Sie Radwege eigentlich bauen?**[19] Wer wird neue und sichere Radwege schätzen[11], wer wird Ihnen applaudieren, wenn es an die nächsten Wahlurnen geht?

Zielgruppen sind jeweils Teilgruppen aus der Gesamtheit der Verkehrsteilnehmer, die irgendwie ähnlich sind und sich durch bestimmte Aussagen, Bilder oder Emotionen gleichermaßen angesprochen fühlen.

Im Radverkehr wird häufig an das gedacht, was ein Bundesverkehrsminister a.D. als „Kampfradler" bezeichnete: Diese „sportiven" Menschen, fast nur Männer zwischen 18 und 40 Jahre alt, fahren selbstbewusst trotz bekannter Gefahren und verhalten sich im fließenden Verkehr wie Pkws. Sie wissen, dass niemand auf sie aufpasst und der 55 km/h-Autoverkehr durch die Verkehrsregeln seit 1937 protegiert wird. Sie denken, pro Falschparker oder Regelübertretung von Autofahrern nehmen sie eine rote Ampel „volley". Diese freuen sich auch über neue Radwege, noch mehr sind diese aber durch grüne Wellen, Radschnellwege oder bessere Radparkplätze zu begeistern. Sie sind eine eher kleine Zielgruppe, vernachlässigen Sie diese „**Sportiven**". Diese mit Vorwürfen zu versehen – gerechtfertigt oder nicht – diskriminiert alle anderen, die Sie bei der nächsten Wahl womöglich als altbacken abstrafen könnten.

„Ich bin überzeugter Radfahrer" – so sagen es die Radfahrerinnen und Radfahrer, die seit Jahren mit dem Rad unterwegs sind und mit dem Rad die meisten Wege zwischen Wohnung, Arbeit, Einkauf, Sport und Freizeit erledigen. Sie fahren fast bei jedem Wind und Wetter, haben wenig Angst, vielleicht ein eigenes Auto oder einen Carsharing-Account. Gute Radverkehrsinfrastruktur erfreut sie, das erwarten sie von modernen Kommunalpolitikern. Die „**Überzeugten**" sind schon etwas älter, überwiegend männlich und können Ihnen alle Stellen aufzählen, wo sie Angst haben. Beseitigen Sie diese Stellen, glänzen Sie mit guten Radwegen und stellen Sie das im nächsten Wahlkampf heraus.

Die „**Besorgten**" sind Ihre eigentliche Zielgruppe, mit 60% Anteil auch die größte. Überwiegend haben Sie es mit Frauen zu tun, auch Ältere oder Kinder gehören dazu. Sie wissen alle, dass Radfahren gut für sie wäre, haben aber Angst. Machen Sie ihnen Angebote: gute und sichere Radwege, perfekte sorgenfreie Kreuzungsführung und gechillte Fahrradstraßen – und Sie werden Ihren Radverkehrsanteil steigen und den Pkw-Anteil sinken sehen. Auf einen Schlag lösen sich eine ganze Handvoll Ihrer verkehrspolitischen Probleme: Weniger Stau und Stress, mehr freie Parkplätze, mehr Platz im ÖPNV, weniger Lärm, Emissionen und Zusammenstöße. Bei der nächsten Wahl wird man sagen: Jau, da hat mal jemand Verkehrsprobleme gelöst.

Einige werden Sie nie erreichen, weil sie nicht Radfahren können oder wollen, zu lange Distanzen zurücklegen müssen oder für fast jeden Anlass super Ausreden haben. Lassen Sie diese links liegen. Laut Statistiken haben die „**Verweigerer**" 100% höhere Krebs-, Herzinfarkt und Demenz-Raten oder mehr. Die probieren es bestenfalls im Urlaub mal aus. Erklären Sie diesen überzeugt und selbstbewusst, dass der Berlin-Standard Deutschlands bestes Anti-Stauprogramm sei und Sie nur deren Bestes wollen.

Die Zielgruppen sind klar, die grundsätzlichen Gedanken ebenfalls. Was fehlt, sind handliche Strategie-Pakete, wie Sie diese vom Autokauf kennen: Basis-Ausstattung und die Komfort-Pakete.

FLÄCHENUMWIDMUNG FÜR MEHR RADVERKEHR:
AUS ABBIEGE- UND PARKSPUREN ENTSTEHEN IN KOPENHAGEN
SYSTEMATISCH SICHERE RADWEGE UND KREUZUNGEN.

Die Radverkehrsstrategien Ihrer Wahl

Sie sind gewählt, Ihr Job macht Ihnen Spaß, Sie wollen diesen nicht gleich wieder an den Nagel hängen müssen? **Ihre Wiederwahl ist damit eine Frage Ihrer verkehrspolitischen Strategien in Sachen Radverkehr.** Wir möchten Ihnen helfen, etwas Ordnung in die radverkehrspolitischen Maßnahmen zu bringen, die Ihnen Heerscharen von Planern, Gutachtern und Wissenschaftlern vorschlagen, gerne auch für teure Gutachten. Denn im Kern geht es um die Fragen,

- **was Sie schnell zum Publikumserfolg bringen können, zum Beispiel auch kurz vor Ihrer Wiederwahl,**
- **was Sie starten müssen, weil es länger dauert, aber zu den Basics gehört,**
- **was Sie kulturell anstoßen müssen, damit die Verkehrswende in die Köpfe kommt und Mainstream in Medien, konservativen Kreisen und Unternehmerverbänden wird, und**
- **wie Sie Ihre Verwaltung fit machen für einen neuen Antritt in Sachen Radverkehr.**

Alle Elemente des Mobilitätsgesetzes, die Sie im Berlin-Standard wiederfinden, sind nach diesen Kernfragen priorisiert. Die folgenden Basis-Radverkehrsstrategien ergeben sich daraus:

I. **Quick-Win-Strategien**: Packen Sie diese Maßnahmen an, die viel common sense hinter sich vereinigen und kaum Widerstände erwarten lassen. Nach tödlichen Unfällen schnell vor Ort für konkrete Verbesserungen sorgen, Polizei-Fahrrad-Staffeln starten, Eltern-Taxi-Schauplätze befrieden, den Zuparkern von Radwegen den Garaus bereiten, mit den Rad-Engagierten gut können und gezielt und wahrnehmbar Kleinmängel beseitigen. Ein neues Gefühl ist der Lohn, ein Gefühl für die richtige Richtung.

II. **Basic-Strategien**: Diese Maßnahmen-Bündel benötigen Budget, Planer und etwas mehr zeitlichen Vorlauf; verschieben kann man sie nicht, erforderlich sind sie trotzdem: breite, sichere Radwege, Fahrradstraßen, sichere Kreuzungen. Jede dieser Maßnahmen hat auch Light-Versionen mit Quick-Wins, jedoch sind Sie hier direkt in Budget- und Flächenkonflikten und müssen sich etwas wärmer anziehen.

III. **Must-Do-Strategien**: Ziele und Vision Zero klingen schön, wirken aber nicht sofort. Diebstahlbekämpfung hilft nicht heute, bestenfalls übermorgen, und ein Turbo für die Lebensqualität in den Nebenstraßen spricht sich auch nur langsam herum. Trotzdem brauchen Sie Ziele, Lernschritte und die leisen Taten, für die es kaum Standing Ovations gibt, aber ein neues Stadtgefühl und Anerkennung nach ein paar Jahren.

IV. **System- und Netzstrategien**: Radschnellwege, grüne Wellen oder Radparkhäuser am Bahnhof sind biestige, langfristige Maßnahmen, brauchen Vorlauf, binden Kapazitäten und helfen erst Ihren Amtsnachfolgern: Packen Sie sie trotzdem an!

Zu diesen vier Strategien finden Sie ab Seite 56 jeweils eine Einordnung, von welcher Umsetzungsdauer und von welchem Finanzbedarf Sie ausgehen können.

Die Umsetzungsdauer wird mit schnell, mittel oder eher länger beschrieben und mit Rennrad, Hollandrad und Lastenrad symbolisiert. Beim Finanzbedarf gibt es für günstig, preiswert und eher teuer einen Stapel Münzen, Scheine oder einen schweren Geldsack.

Bis 2015 war die „Radverkehrsstrategie" des Berliner Senats eher auf dem Niveau einer Seminar-Arbeit: zusammengestückelt, ohne klare Ziele, aber ziemlich vollständig. Aus ihr ließen sich wenig konkrete Zeitvorgaben, damit keine Rechenschaftspflicht und auch kein Finanzbedarf ableiten. Der Volksentscheid hat für Ziele, Strategie, Zeitplan und Fokus gesorgt, so dass die Maßnahmenbereiche kalkulierbar, priorisierbar und haushalterisch beplanbar wurden. Wie, das lesen Sie auf den folgenden Seiten.

2 WIE EIN POLITISCHER TSUNAMI: DAS MOBILITÄTSGESETZ POWERED BY VOLKSENTSCHEID FAHRRAD

DER WELTWEITE RIDE OF SILENCE 2015 IN GEDENKEN AN GETÖTETE RADFAHRERINNEN UND RADFAHRER – HIER IN BERLIN VOR DEM BRANDENBURGER TOR.

Die Zeit ist reif – Berliner Initiativen im Kampf um jeden Quadratmeter

Ist der Flächenkonflikt die zentrale Arena der Verkehrswende? Ich oder Du, Straße oder Radweg? Ist das der zentrale Grund, warum sich so wenig tut, weil der vermeintliche politische Preis, ein paar Quadratmeter umzuwidmen, als zu hoch eingeschätzt wird? **Was liegt näher, als den Flächenkonflikt stellvertretend für die Politik auszutragen?**

Gibt es mehr als Bloggen oder Twittern für mehr Radwege?[20] Lassen sich die frustrierten Verbände und Parteien in Wallung bringen? Lässt sich die Flughoheit über den Stammtischen erringen? Hilft das Doppelwahljahr 2016/2017 mit Abgeordnetenhaus- und Bundestagswahl, den Nachbrenner für die Radverkehrspolitik zu zünden? Könnte eine solche Stoßrichtung neue Impulse in die festgefahrene und seit 30 Jahren stagnierende Verkehrswende bringen? Lässt sich diese von unten knacken? Können wir es wagen, mutig nach Ja oder Nein zu einem Radverkehrsgesetz zu fragen?

„Einfach mal machen" war meine persönliche Antwort im Herbst 2013, mit einer Flächenkonflikt- und Flächenrespektkampagne[2], meine Ouvertüre für den Volksentscheid. Stationen waren der Start mit der Crowdfunding-Kampagne für die Straßensheriff-App und dem späteren Launch der Falschparker-App unter dem neuen Namen Wegeheld, um das respektlose, egoistische und illegale Verhalten einer Minderheit zu thematisieren. Der Flächengerechtigkeitsreport[8] im August 2014 beantwortete die Frage, wem die Straße gehört: 20 Mal mehr Quadratmeter für Autofahrer, obwohl in der Berliner Innenstadt längst mehr Wege mit dem Rad als mit dem Auto gefahren werden.

Eine Petitionskampagne für höhere Bußgelder für das Zuparken[21] zündete im November 2014 die nächste Stufe der Kampagne: Knolle statt Knöllchen, auf den EU-Durchschnitt von 100 Euro sollten die Bußgelder steigen. Nach den Flashmobs, bei denen wir auch mal im Nikolaus-Kostüm Falschparker wegtrugen oder in Weihnachtspapier einpackten, und kontinuierlicher PR-Arbeit schließen sich mittlerweile alle großen Verkehrsverbände und zwei Bundestagsfraktionen dieser Forderung an.

Für ein paar Demos, wie der #CyclingUnites-Tour für mehr Respekt untereinander im März 2015 und dem #RideOfSilence im Mai 2015 für getötete Radfahrer, konnte ich schnell mal über 1.000 Demonstranten mobilisieren. **Flächenkonflikt one level up – was geht als nächstes mit einem Presseverteiler[4] von 250 Journalisten?**

Berlins Fahrrad-Szene war schon seit Jahren virulent, quirlig und ungehalten mit den Brotkrümeln des damaligen Berliner Verkehrssenators. Zu wenig, zu langsam, zu schlecht: „Alle Macht den Rädern", die monatliche Critical Mass Berlin mit Tausenden von urbanen Radbegeisterten, Böll-Stipendiatinnen, die CDU in Berlin-Zehlendorf mit ihrem Vorstoß für einen Radschnellweg von den Villen in die Stadt oder das Netzwerk Fahrradfreundliches Neukölln – niemand wollte sich mehr abspeisen lassen.

Auch der ADFC wurde lauter und öffnete sich gegenüber den Initiativen. Frank Masurat, Berliner ADFC-Vorstandsmitglied, lud ein, die Abgeordnetenhauswahl 2016 gemeinsam anzugehen. **Bei diesem Treffen im August 2015 brachte ich meinen Vorschlag ein: Einen Volksentscheid zum Radverkehr**, inspiriert durch Volksentscheid-Profis des Vereins Leadership Berlin – Netzwerk Verantwortung.

Nach Artikel 3 der Berliner Verfassung geht die gesetzgebende Gewalt von gewählten Volksvertretern oder von Volksentscheiden aus. Dieses dreistufige Verfahren erfordert einen Antrag auf Volksbegehren (Stufe 1) mit 20.000 Unterschriften in sechs Monaten für ein Gesetz oder eine Beschlussfassung. Das Volksbegehren (Stufe 2) erfordert 200.000 Unterschriften in vier Monaten. Kommt es bis dahin immer noch nicht zu einer Übernahme durch das Parlament, wird in Stufe 3 bei einem Volksentscheid unmittelbar entschieden.

Nach drei Monaten Vor- und Überzeugungsarbeit und Projektplanung legte ich den Grundstein für den Volksentscheid Fahrrad bei einer Klausurtagung im November 2015: An die 30 Engagierten fürs Rad und für lebenswerte Städte folgten der Einladung, einen Fahrrad-Volksentscheid auf die Beine zu stellen, teils auch nur, weil diese Idee so schräg, so vermessen erschien, dass man das auf keinen Fall verpassen wollte.

Und ab hier ist es die Geschichte eines starken Teams ... [22/23/24/25]

Die 10 Ziele des Volksentscheid Fahhrad

Ein Netz aus 350 km sicheren Fahrradstraßen für alle, auch für Kinder.

Zwei Meter breite Radverkehrsanlagen entlang jeder Hauptsraße

Jedes Jahr 75 gefährliche Kreuzungen sicher umgestalten

Schnelle und effektive Mängelbeseitigung an Radwegen und Fahrradstraßen

200.000 mal Fahrradparken an ÖPNV-Haltestellen und Straßen

50 Grüne Wellen für Radfahrer, Fußgänger und den ÖPNV

100 km Radschnellwege für den Rad-Pendlerverkehr in und durch die Stadt

Fahrradstaffeln und eine Ermittlungsgruppe Fahrraddiebstahl

Personell gut ausgestattete und vernetzte Verwaltungseinheiten für Fahrradbelange

Berlin für mehr Radverkehr und besseres Miteinander sensibilisieren

Für alle angemessen: Ziele erarbeiten und das Gesetz schreiben

Konkret und angemessen sollten sie sein, die zehn Ziele des Volksentscheids Fahrrad, zu denen auch Autofahrer nicht nein sagen können. Ein externer Moderator, Martin Lüdemann, half bei der Klausurtagung im November 2015, gute Ziele für unsere Fahrradstadt Berlin auszuarbeiten. Die Hidden Agenda hatte zwei Nebenziele: Ob wir mit hoher Einigungsgeschwindigkeit Grundsatzdebatten den Boden entziehen können, und ob am Schluss eine Handvoll Leute weitermachen würde, mit denen sich dieses waghalsige Vorhaben durchziehen ließe.

Das Life-Casting gelang: **Mit diesem Wochenende wurden aus dem Flächenkonflikt eine wachsende Gruppe, eine sehr agile, analoge und digitale Organisation und schließlich eine starke Bewegung.**

Wir wägten die Ziele ab, sortieren sie nach „schnell und mit Pinsel und Farbe“, „Bagger-Infrastruktur“ und anderen Feldern und überprüften immer wieder, ob am Schluss eine Mehrheit der Berliner Bevölkerung, inklusive Autofahrern, diese Ziele mittragen würde: Im autofahrenden Bekanntenkreis testeten wir die Ziele, mit positivem Ergebnis.

Nach vielen Nachtsitzungen in etlichen privaten Wohnzimmern, den Namen auf Volksentscheid Fahrrad im Team festgezurrt, mit der Abkürzung Radentscheid auf Twitter und Facebook aufgeschlagen und die Webseite samt Newsletter-Button ins Netz gestellt: Am 11. Dezember 2015 stellten wir unsere zehn Ziele[26] vor und gingen an die Öffentlichkeit mit dem Aufruf für helfende Hände mit und ohne juristischem Sachverstand, Profis in Grafik, Text und IT. Peter Feldkamp beantwortete Hunderte von Mails, Tim Birkholz baute das Recherche- und Fakten-Team auf, Daniel Pöhler half beim Texten.

Ein Gesetz musste her. DIY-Tipps, wie man Gesetze schreibt, gab es im Netz nicht. Andreas Baum und Stefan Gelbhaar, die verkehrspolitischen Sprecher der Piraten bzw. der Grünen, halfen mit Tipps aus der Praxis. Im Januar startete ein digitaler, partizipativer und stringent durchgetakteter Bürgergesetzgebungsprozess. Für jedes der zehn Ziele erarbeiteten die ehrenamtlichen Fachexperten ein Zieldossier. Bei Deutschlands erstem Gesetzes-Hackathon sperrten sich 30 Juristinnen, Anwälte und Rad-Experten ein Wochenende bei Pizza und Mate (Anm.: Berlin-Standard für Cola) ein, um den ersten Entwurf des Radverkehrsgesetzes (**RadG**)[27] zu schreiben.

Mit einem eigens von Boris Hekele programmierten Kommentierungstool wurde das Gesetz in zwei "öffentlichen Web-Lesungen" online gestellt. Über 400 Kommentare und Verbesserungsvorschläge gingen von Engagierten aus ganz Deutschland ein. Nachbesserungen wurden im BerG-Team, dem Berliner Rad-Gesetz-Team mit Birgit Balzer, Evan Vosberg, Heiko Holzberger, Kerstin Stark, Philipp Bastian und Torsten Benzin, in vielen Wochenend-Sitzungen bewertet und eingearbeitet und mit dem Plenum im Konsens verabschiedet. Noch ein Schlusslektorat für eine einfache, verständliche und inklusive Sprache und ein schickes Layout und fertig war Deutschlands erstes Radverkehrsgesetz in gerade mal drei Monaten im April 2016.

Für eine verkehrspolitisch geladene Stimmung in der Stadt sorgten parallel Aktionen, Campaigning und ein sich selbst lobender Senat. Das Orga-Team machte Räume und Aktionen klar, Christine Schröter, Marion Tiemann und Katja Täubert waren ein verlässlicher Fels in der Brandung. Michael Schulte trieb die Vereinsgründung voran, das Grafik-Team rund um Hille Bekic, Yvonne Hagenbach, Norbert Michalke und anderen brachten unsere Träume in Bild und Form. Die Medien unterstützen uns, Gegenwind gab es so gut wie nicht. Im März verkündete ich, dass wir ab jetzt die Springer-Presse auf unserer Seite hätten – und so blieb es bis zum Schluss.

Schon im Januar starteten Sina Arndt, Denis Petri und viele andere die Vorbereitung der Sammlung, denn der Zeitplan ließ uns höchstens vier Wochen. 200 Sammel-Kräfte wurden geschult, 300 Läden und Fahrradhändler als Logistik-Stützpunkte für Blanko-Listen und unterschriebene Listen gewonnen und in einem Fahrrad-Navi hinterlegt. Etliche Verbände gewannen wir als Unterstützer, um die Unterschriftenlisten als Download über deren Newsletter zu verbreiten.

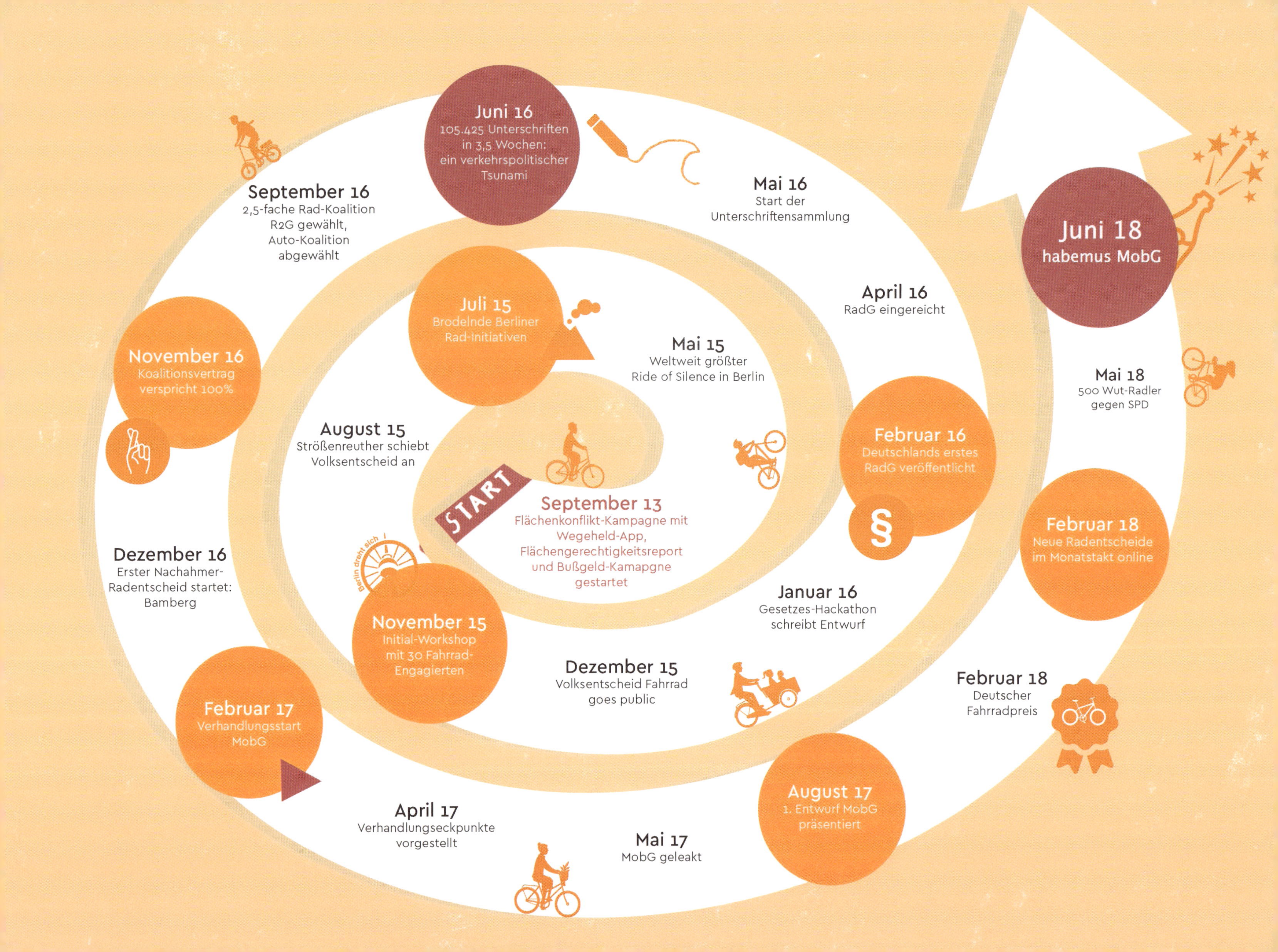
START
September 13
Flächenkonflikt-Kampagne mit Wegeheld-App, Flächengerechtigkeitsreport und Bußgeld-Kamapgne gestartet
Mai 15
Weltweit größter Ride of Silence in Berlin
Juli 15
Brodelnde Berliner Rad-Initiativen
August 15
Strößenreuther schiebt Volksentscheid an
Berlin dreht sich
November 15
Initial-Workshop mit 30 Fahrrad-Engagierten
Dezember 15
Volksentscheid Fahrrad goes public
Januar 16
Gesetzes-Hackathon schreibt Entwurf
Februar 16
Deutschlands erstes RadG veröffentlicht
§
April 16
RadG eingereicht
Mai 16
Start der Unterschriftensammlung
Juni 16
105.425 Unterschriften in 3,5 Wochen: ein verkehrspolitischer Tsunami
September 16
2,5-fache Rad-Koalition R2G gewählt, Auto-Koalition abgewählt
November 16
Koalitionsvertrag verspricht 100%
Dezember 16
Erster Nachahmer-Radentscheid startet: Bamberg
Februar 17
Verhandlungsstart MobG
April 17
Verhandlungseckpunkte vorgestellt
Mai 17
MobG geleakt
August 17
1. Entwurf MobG präsentiert
Februar 18
Deutscher Fahrradpreis
Februar 18
Neue Radentscheide im Monatstakt online
Mai 18
500 Wut-Radler gegen SPD
Juni 18
habemus MobG

Deutschlands schnellster Volksentscheid: 105.425 Unterschriften in dreieinhalb Wochen

Die Unterschriftensammlung startete mit dem Ride of Silence Mitte Mai 2016, einer stillen Radausfahrt für getötete Radfahrer. Die Unterschriftenlisten gingen weg wie warme Semmeln, alleine 15.000 Unterschriften sammelten wir an nur einem Tag bei der ADFC-Fahrrad-Sternfahrt mit weit über 100.000 Teilnehmenden. In den Kneipen und Cafés traf man oft kaum noch Gäste, die noch nicht unterschrieben hatten. Mir schwante, es bahne sich etwas Ungeheuerliches an.

Nach drei Wochen zählten wir dann am Sonntag aus. Am frühen Abend köpften wir die Sektflaschen, erstmals wurde das Sammelergebnis im kleinen Kreis verkündet: 105.425 Unterschriften in gerade mal dreieinhalb Wochen! Fünfmal mehr als gefordert, neunmal schneller als erforderlich. So schnell wurde noch nie in Berlin oder sonst wo in Deutschland gesammelt.

Radverkehr wurde zum Top-Politik-Thema, ob die Parteien wollten oder nicht.

Kein Interview verging im Wahlkampf mit den Spitzen-Kandidaten zur Abgeordnetenhauswahl, ohne dass in den ersten drei Fragen nicht nach dem Radverkehr gefragt wurde. Alle, CDU, SPD, FDP, Grüne und Linke, standen hinter dem Ausbau des Radverkehrs. Einige meinten, man dürfe die Autofahrer aber auch nicht ganz vergessen. Recht haben sie!

Kinder-Fahrrad-Demos oder gekaperte Bürgermeister-Touren hielten die Forderungen in den Medien. Mit der Wahl übernahm eine rot-rot-grüne Radverkehrskoalition mit zweieinhalb Unterstützerparteien das Amt. Damit war klar, dass mit angemessener Radverkehrspolitik Wahlen gewonnen werden.

Im November 2016 wurde im Koalitionsvertrag beschlossen, dass alle Ziele und Forderungen des Volksentscheids übernommen werden sollten, dass mit der Initiative auf Basis des Radverkehrsgesetzes ein Mobilitätsgesetz (**MobG**) verhandelt und bis März 2017 beschlossen wird und ab 2019 jährlich 51 Mio. Euro in den Radverkehr investiert werden sollen.

Im Februar 2017 startete die Verhandlungsrunde. Das RadG fand in vielen Teilen Einzug in das MobG – nach zwölf Verhandlungsrunden gab es Anfang April 2017 (nur) ein Eckpunkte-Papier, nach Ostern den ersten juristischen Entwurf. Viele Forderungen wurden übernommen, einige neue spannende Maßnahmen von SPD, Grünen und Linken mit eingebracht.

Zu oft haben wir uns jedoch die klaren Ziel- und Zeitpfade wegverhandeln lassen: Diese sollten in dem zeitgleich zu verabschiedenden Radverkehrsrahmenplan aufgenommen werden, der bis jetzt noch nicht vorliegt – ein Fehler, wie ich im Nachhinein sagen würde.

Als sich im Mai 2017 die juristische Überprüfung um weitere sechs Monate hinziehen sollte und wir seit Verhandlungsbeginn bei jeder Sitzung Rechtsbeistand forderten, leakten wir das MobG und riefen unsere Unterstützer zur juristischen Mithilfe auf (eigentlich hatte die rot-rot-grüne Fraktion versprochen, bis März 2017 das MobG beschlossen zu haben).

Anfang August stellte die Verkehrssenatorin das gemeinsame Verhandlungsergebnis vor: Deutschlands erstes Rad- und Mobilitätsgesetz. Die Exekutive verpflichtete sich zur Vision Zero und zum Umbau auf Kopenhagen-Niveau bis 2030.

Artikel 3 der Berliner Verfassung wurde wahr: Die gesetzgebende Gewalt geht vom Volke aus, per Volksentscheidsinitiative auf die Agenda gesetzt. Die Verkehrswende ist geknackt, von unten, einige Monate vor dem ursprünglichen Zeitplan, der auf die Bundestagswahl im September 2017 zielte.

Nach den Verbändeanhörungen brachte der Senat seinen Entwurf ins Parlament ein. Kurz vor Schluss gefährdete die SPD-Spitze mit 50 Veränderungsforderungen die Verabschiedung vor der Sommerpause 2018. Zur „Wut-Radler-Demo gegen die SPD" mobilisierten wir innerhalb von drei Stunden 500 Demonstranten. Dann ging es doch weiter, so dass das Abgeordnetenhaus das Mobilitätsgesetz final am 28. Juni 2018 beschloss. In Kraft gesetzt wurde es am 6. Juli 2018.[28]

zur Förderung des
in Berlin (RadG)
VOLKS-
ENTSCHEID
FAHRRAD
Berlin dreht sich
464
Gesetz- und Verordnungsblatt für Berlin
74. Jahrgang
Nr. 18
17. Juli 2018
Gesetz
zur Neuregelung gesetzlicher Vorschriften zur Mobilitätsgewährleistung
Vom 5. Juli 2018
§ 29
Nahverkehrsplan

Wie aus dem Radgesetz das Mobilitätsgesetz wurde

Zu Beginn des Volksentscheids wurden wir gerne dafür kritisiert, uns nur auf den Radverkehr zu konzentrieren, wo wir den größten Nachholbedarf sahen. Tatsächlich hat die Fokussierung auf den Radverkehr ungeheure Energien mobilisiert: Hunderte von Freiwilligen machten mit, unterstützten, sprachen sich für die längst überfälligen Radwege aus.

In den Koalitionsverhandlungen im Herbst 2016 im Land Berlin ist damit der Grundstein gelegt worden, Verkehrspolitik nicht auf Straßenbau zu reduzieren, sondern der gesamten Bandbreite von Mobilität gerecht zu werden: Das Mobilitätsgesetz wurde von der rot-rot-grünen Koalition geboren, unser Radverkehrsgesetz zum „Verkehrswende-Gesetz" upgegradet.

Als es im Juni 2018 vom Abgeordnetenhaus beschlossen wurde, enthielt es drei Teile und wird zurzeit um weitere Teile ergänzt. Ein allgemeiner Teil legt übergeordnete mobilitätspolitische Ziele fest und definiert Mechanismen und Grundsätze für die Planung und Umsetzung. In dem ÖPNV-Teil ist das alte ÖPNV-Gesetz aufgegangen, das bis Ende 2017 auslief und ohnehin überarbeitet werden musste. Der Radverkehrsteil schließlich enthält zu 80–90% den Inhalt des Radgesetzes, ergänzt um zusätzliche Elemente, wie den Umgang mit Baustellen oder die Förderung von Lastenrädern.

Im Sommer und Herbst 2018 liefen bereits die Verhandlungen zum Fußverkehrsteil[29], denn auch Fußgänger müssen zu Gunsten des Autoverkehrs bislang zurückstecken: Ampeln in einem Rutsch queren können, Mittelinseln, Gehwegvorstreckungen und Sitzgelegenheiten zum Ausruhen, Barrierefreiheit an Bordsteinen oder Kinderfreundlichkeit an den wichtigsten Orten.

Gleichzeitig laufen sich die Berliner Unternehmerverbände warm und entwickeln Positionen zum stadtverträglichen Wirtschaftsverkehr: Die Ausweitung von Ladezonen, schärfere Park-Regulierung und Falschparker-Bekämpfung, Emissionsgrenzwerteinhaltung und Verwaltungsabläufe stehen zur Diskussion. Auch der Bereich neue und intelligente Mobilität soll noch erarbeitet werden, bevor die Ubers, Free-Floating-Carsharing- und Hailing-Service-Dienstleister mit ihren Iokis und Berlkönigen die Großstädte überfluten und uns mit ihren Rebound-Effekten die nächste autogerechte Stadt bescheren, die autogerechte Stadt 2.0.

Zusammengefasst sind wir zugespitzt mit dem Radverkehr gestartet und mit der gesamten Verkehrswende gelandet. Ohne den Druck auf „Verkehr anders denken", die Mobilisierung auf der Straße und in den Medien wäre das nicht möglich gewesen.

Zum weiteren Buch: Der Berlin-Standard bzw. das MobG ist das Kompendium für moderne Radverkehrspolitik. Alle Zutaten für gute Radwege, sichere Kreuzungen oder Staualternativen finden sich im Geist dieses Gesetzes und in seinen Paragraphen wieder.

Auf den nächsten Seiten werden Ihnen die Elemente des Berlin-Standards vorgestellt und erklärt, warum diese Maßnahmen erforderlich sind, wie sie wirken und wie sie beim Ausbau des Radverkehrs helfen. Aus beiden Gesetzen zitiere ich in den folgenden Kapiteln die wichtigsten Festlegungen in verständlicher Sprache. Ein paar Zahlen, Daten und Fakten ermöglichen die Einsortierung und die Daumenregeln helfen Ihnen, schnell und einfach Bewegung in Ihre Radverkehrspolitik und Verwaltung zu bekommen – in einer Großstadt genauso wie in kleineren Städten und Gemeinden.

Teilweise gibt es einige „freihändige" Ergänzungen des MobG, die den Geist des RadG widerspiegeln: Der Senat sagte zu, diese noch in den „Radverkehrsplan zu verhandeln". Die Paragraphen aus dem MobG und dem RadG, auf die sich der Berlin-Standard bezieht, sind je Seite zitiert. In dem Begründungsteil des RadG und MobG finden sich weitere Erklärungen und Erläuterungen, die Sie noch breiter in die Idee und den Geist des Gesetzes einführen.

Sie, liebe Politikerinnen und Politiker, liebe Rad-Aktivisten und Lobbyisten, sollen beim schnellen Lesen verstehen, was moderne Radverkehrspolitik ausmacht. Bitte kupfern Sie den Berlin-Standard des Mobilitätsgesetzes ab, denn es hat kein Copyright.

NEUJAHRSAUFTAKT 2015:
MEHR ALS 70 ENGAGIERTE FOLGTEN DEM AUFRUF.

DEUTSCHLANDS ERSTER GESETZES-HACKATHON IM JANUAR 2016 MIT 30 JURISTEN, RICHTERINNEN, VERKEHRSEXPERTEN, BEAMER UND PIZZA, UM AUS ZEHN ZIELEN EIN RADGESETZ ZU SCHREIBEN.

DER SAMMELSTART IM MAI 2016 VOR DEM
BRANDENBURGER TOR BEIM RIDE OF SILCENCE 2016.

105.425 UNTERSCHRIFTEN:
JUBEL ÜBER DIESES ERGEBNIS ZWISCHEN PRESSEKONFERENZ
UND ÜBERGABE AN DEN SENAT AM 14. JUNI 2016.

DIE ROT-ROT-GRÜNE KOALITION VOR DER LETZTEN VERHANDLUNGSRUNDE ZUM MOBILITÄTSTEIL IHRES KOALITIONSVERTRAGS IM NOVEMBER 2016.

DIE ROT-ROT-GRÜNE FAHRRADTORTE
SOLLTE GESCHMACK AUF MEHR FAHRRAD MACHEN.

DEZEMBER 2016: „BÄRCHEN GEGEN BRUMMIS"-AKTION DES VOLKSENTSCHEIDS: DIE STOFFTIERE SYMBOLISIEREN, WIE WENIG EIN PINSELSTRICH SCHÜTZT.

VORSTELLUNG DER ECKPUNKTE
DES MOBILITÄTSGESETZES IM APRIL 2017.

3 DER BERLIN-STANDARD

FRANZISKA GIFFEY, DAMALIGE BEZIRKSBÜRGERMEISTERIN VON BERLIN-NEUKÖLLN, BEI DER VOR-ORT-BESICHTIGUNG.

Crash-Nachsorge: Nach schweren Unfällen rasch und unbürokratisch für Besserung sorgen

Es knallt, es fließt Blut, Knochen brechen, im schlimmsten Fall stirbt ein Mensch. Manchmal sind Zusammenstöße eine Kette menschlicher Versagen. Häufig gibt es aber auch infrastrukturelle Mitursachen.

Zeigen Sie Haltung und gehen Sie zu den Unfallstellen oder Mahnwachen, falls es zu einem Todesfall kam, denn Sie und niemand anderes sind politisch für den Verkehr verantwortlich.[30] Zeigen Sie Tatkraft und verbessern Sie die Situation, so dass ein solcher Unfall sich dort nie wieder wiederholen kann. Merzen Sie noch so kleine infrastrukturelle Fehlerursachen aus – schnell, unbürokratisch, im Sinne von Vision Zero (Seite 92).

Ihre Radfahrerinnen werden es anerkennen, wenn Sie etwas tun. Kein Verständnis entwickeln Ihre Bürger jedoch, wenn sich auch nach schweren Zusammenstößen nichts zum Besseren verändert. Nach Unfällen gibt es ein kurzes Zeitfenster, wo Sie viel verändern können und jeder dabei mitziehen wird: Nutzen Sie dieses Zeitfenster!

DER BERLIN-STANDARD FORDERT

- **Der Senat prüft unverzüglich, spätestens jedoch vier Wochen nach jedem Unfall mit Verkehrstoten oder Schwerverletzten an einem Knotenpunkt, ob Maßnahmen kurz-, mittel- und langfristig ergriffen werden können, um an dieser Stelle solche Fehler künftig zu vermeiden.**
- **Das Ergebnis der Prüfung ist im Internet zu veröffentlichen, ob und inwiefern die Gestaltung der Verkehrsanlage oder Verkehrsführung dafür mitursächlich war und welche Maßnahmen abhelfen können.**
- **Können bauliche oder sonstige geeignete Maßnahmen ergriffen werden, sind diese innerhalb von sechs Monaten umzusetzen.**
- **Das Verkehrssicherheitsprogramm hat in jedem Fall geeignete Maßnahmen festzulegen, die der Herstellung der Verkehrssicherheit nach wiederholt aufgetretenen schweren Unfällen dienen.**

Die kurze Zeit nach einem schweren Unfall ermöglicht neue Kompromisse, weil keiner mit **business as usual** weiter machen mag. Oft lässt sich aus Laien-Sicht überlegen, was zu machen ist. Der einfachste Gradmesser ist die Frage, was getan werden muss, damit Eltern ihre Kinder an der Unfallstelle (wieder) Fahrrad fahren lassen würden. Diese Zeitfenster helfen Ihnen, Verwaltungsabläufe auf ihre Effizienz zu durchleuchten und für Vision Zero-Abhilfe zu sorgen. Nutzen Sie diese Chance zur direkten Verbesserung, die Angehörigen und Hinterbliebenen danken es Ihnen.

ZAHLEN, DATEN, FAKTEN

Frau Giffey, die damalige Bezirksbürgermeisterin von Berlin-Neukölln und heutige Bundesfamilienministerin, hat es vorgemacht: Innerhalb einer Woche nach dem tödlichen Dooring-Unfall mit einem falsch geparkten Diplomaten-Fahrzeug hat sie alle Verantwortlichen aus ihrem Bezirk (Anm.: die teilweise sehr eigenständigen Stadtteile Berlins) hinzugezogen, um vor Ort direkt über Maßnahmen zu entscheiden. Auch wenn es wegen des Senats dann noch einen Monat bis zur Genehmigung der Maßnahme dauerte, diese dann aber in wenigen Tagen umgesetzt wurde, war das ein vorbildliches, schnelles und beherztes Zupacken, das ich mir von jedem Politiker und jeder Politikerin wünsche.

DAUMENREGEL

So bitter es ist, Zusammenstöße sind die Aufforderung zum schnellen Handeln. Fahren Sie innerhalb von 48 Stunden an die Unfallstelle und entscheiden Sie dann vor Ort, was zu tun ist. Erteilen Sie noch am gleichen Tag die Aufträge und sorgen Sie für Verbesserung, notfalls auch erst einmal nur mit Pollern und Farbe, so dass nach einer Woche infrastrukturelle Mitursachen beseitigt sind.

Zum Weiterlesen: § 17, 21 MobG und § 8 RadG

QUICK-WIN-STRATEGIE

UMSETZUNGSDAUER

FINANZBEDARF

BARKEN TRENNEN DIE SICHERE UMFAHRUNG EINER BAUSTELLE AB – EINES DER ERSTEN ZEICHEN DES ERFOLGS NACH DEM VOLKSENTSCHEID.

Baustellen: Jede Straßen-Baumaßnahme verbessert ab jetzt den Radverkehr

Das Erste, was wir noch während der Verhandlungen zum Mobilitätsgesetz spürten, waren die Baustellen: Erste Baustellen wurden radgerecht eingerichtet, der Radverkehr wurde ernster genommen!

Wenn Sie Ihren Radfahrerinnen schnell das Gefühl 1. Klasse geben wollen, dann sorgen Sie für anständige Baustellen, die ein sicheres Umfahren ermöglichen - das kostet fast nix. Listen Sie die schwarzen Schafe unter den Baufirmen für die nächsten Vergaben von Bauaufträgen auf, bis es auch der letzte Bauunternehmer kapiert.

Nutzen Sie jede Baustelle, um auch für den Radverkehr etwas zu tun. Führen Sie Radverkehrsverträglichkeitsprüfungen durch und nutzen Sie die Gunst der Stunde.

DER BERLIN-STANDARD FORDERT

- **Bei jeder Baumaßnahme mit Auswirkungen auf das öffentliche Straßenland ist eine sichere Radverkehrsführung zu gewährleisten; Platzeinschränkungen zu Lasten des Umweltverbundes haben zu unterbleiben; müssen Radwege trotzdem gesperrt werden, ist für eine sichere Umfahrung zu sorgen.**
- **Der Senat erstellt einen Leitfaden oder ein Handbuch für die Baufirmen als mitgeltende Unterlage bei Beauftragungen über die sichere und radverkehrsgerechte Baustellengestaltung.**
- **Über Beginn und Ende von Baumaßnahmen mit Auswirkungen auf das öffentliche Straßenland ist im Internet fortlaufend zu informieren.**
- **Der Verkehrszeichenplan einer Baustelle ist vor Ort öffentlich einsehbar und barrierefrei zugänglich durch den Bauherrn oder den beauftragten Unternehmer nach § 45 Absatz 6 der Straßenverkehrs-Ordnung auszuhängen.**
- **Die Verwaltung überwacht die Einhaltung, ist Ansprechpartnerin für Meldungen von Verstößen und reagiert sofort.**
- **Vor allen Baumaßnahmen sind Radverkehrsverträglichkeitsprüfungen und Sicherheitsaudits durchzuführen; die Ergebnisse sind unverzüglich im Internet zu veröffentlichen.**
- **Bei jeder Planung und Baumaßnahme müssen die Bedürfnisse des Radverkehrs berücksichtigt und eine Verbesserung im Sinne des Gesetzes erreicht werden.**

Oft lässt sich mit wenigen Handgriffen vor Ort eine Baustelle sicher machen:[31] Wenn Gefahr im Verzug ist, kann das Leben schützen. Ob dann ziviler Ungehorsam erlaubt ist, wissen die Anwälte, aber legitim wäre es allemal.

ZAHLEN, DATEN, FAKTEN

Wussten Sie, dass in Berlin jährlich 100.000 Baustellen eingerichtet werden und gefühlt alle 500 Meter eine Baustelle den Radverkehr erschwert bis gefährdet? In Berlin wird 20-mal mehr Geld für den Pkw- und Lkw-Verkehr ausgegeben: Wenn nun jede Baustelle für den Straßenverkehr auch den Radverkehr verbessert, dann haben Sie Ihren Turbo per Automatik eingelegt.

DAUMENREGEL

Trennen Sie mindestens 1 Meter sicheren Radweg durch eine Markierung, Baken und mobile Poller bei jeder Baustelle ab. Genehmigen Sie Baumaßnahmen nur noch, wenn es danach für den Radverkehr besser und sicherer als vorher wird.

Zum Weiterlesen: § 39 MobG und §§ 7, 15, 18 RadG

QUICK-WIN-STRATEGIE

UMSETZUNGSDAUER

FINANZBEDARF

IN DER SCHLÜTERSTRASSE IN BERLIN-CHARLOTTENBURG
SIND DIE RADFAHRSTREIFEN SO GUT WIE NIE NUTZBAR.

Falschparker: Mit Schlepperbanden Null-Toleranz für „schnell mal eben"

Falschparker auf Radwegen und in zweiter Reihe ängstigen Radfahrerinnen: Umschauen, zum Überholen ansetzen, großen Abstand zu einer sich öffnenden Tür, Gegenverkehr – entspanntes Radfahren geht anders. Zugeparkte Radwege oder Zweite-Reihe-Parken zwingen zu gefährlichem Drum-Herum-Fahren: 40-Jährige schaffen das noch, für Kinder, alte Leute oder ängstliche Radfahrerinnen ist das ein No-Go.

Wenn Sie in Sachen Radverkehr loslegen wollen, erklären Sie den Falschparkern „Null Toleranz". **Kein Kavaliersdelikt ist das „eben mal auf dem Radweg oder in zweiter Reihe parken, sondern verboten und eine egoistische Respektlosigkeit gegenüber Jung und Alt, Frau und Mann, die zu Fuß, per Rad, Bus oder Tram unterwegs sind – oder Autofahrern, die die Regeln einhalten.** Wird regelmäßig die zweite Reihe zugeparkt, wächst der Stau, zum Leidwesen auch Ihrer autofahrenden Wähler und des Wirtschaftsverkehrs.

Entwickeln Sie ruhig ein wenig „Jagdfieber" oder halten Sie einfach nur die Augen offen: Bei weiter steigenden Pkw-Zulassungszahlen und hoffentlich wachsenden Bike-Only-Flächen wird Ihr Falschparker-Problem wie ein Krebsgeschwür wachsen, sofern Sie nicht wirksam einschreiten.

DER BERLIN-STANDARD FORDERT

- **Die Radverkehrsanlagen sind baulich zu separieren, so dass unzulässiges Befahren, Halten und Falschparken unterbleibt.**
- **In Fahrradstraßen sind Lieferzonen einzurichten, um Zweite-Reihe-Parken zu unterbinden.**
- **Lieferdienste und der Wirtschaftsverkehr sind unterschiedslos zu ahnden und nicht weitergesetzeswidrig von der StVO auszunehmen.**
- **Polizei und Ordnungsamt sollen privaten Anzeigen über gefährdende und blockierende Parkverstöße nachgehen.**
- **Der ÖPNV-Betrieb (BVG) soll den ruhenden Verkehr auf Busspuren überwachen und darf selbständig abschleppen lassen.**
- **Die Senatsverwaltung stellt wirksame Maßnahmen gegen Falschparker im Vorrangnetz des Radverkehrs sicher und evaluiert die Wirksamkeit regelmäßig.**

In Entwicklungsländern wird klar, dass bauliche Barrieren zur Separierung von Radwegen die beste Wahl sind, denn dort (und auch hier) hat die Polizei oft andere Sorgen. Verhindern Sie baulich die Versuchung zum Falschparken!

Solange Bußgelder ein Witz sind und Sie von Knöllchen statt Knolle sprechen, müssen Sie den Kontrolldruck erhöhen. Helfen kann Ihnen da auch die Wegeheld-App[32], mit der die Radfahrer Falschparker anzeigen können: Berlin, Hamburg und viele andere Städte in NRW machen damit gute Erfahrungen. Oder setzen Sie sich über Ihre Gremien und Spitzenverbände für eine deutliche Anhebung der Bußgelder gegen Falschparker ein.

ZAHLEN, DATEN, FAKTEN

Wussten Sie, dass Deutschland das Schlusslicht bei den Bußgeldern für Falschparkern in Europa ist und 75% unter dem EU-Durchschnitt liegt?[21] Dass die Forderung nach einer „Knolle statt Knöllchen"-Anhebung der Initiative Clevere Städte mehr als zehn Verbände und zwei Bundestagsfraktionen unterstützen? Wussten Sie, dass Sie bei Anzeigen Vorsatz und mit Behinderung unterstellen und so in Eigenregie aus Knöllchen Knollen machen können? Dass bei penetranter Vorsätzlichkeit auch eine MPU angeordnet und der Führerschein entzogen werden kann?

DAUMENREGEL

Bilden Sie „Squad-Teams", gehen Sie mit Razzia-Methoden in Falschparker-Hotspots, „räumen" Sie zwei Wochen lang auf und ziehen Sie weiter, das wirkt. Norden Sie Ihre Polizei auf „Null-Toleranz" ein. Und: Knöpfen Sie sich DHL und Konsorten vor, die die Parkregeln systematisch missachten und schlechtes Vorbild für den Regelverfall für alle sind.

Zum Weiterlesen: §§ 22, 23, 43 MobG und §§ 4, 7, 12, 20 RadG.

QUICK-WIN-STRATEGIE

UMSETZUNGSDAUER

FINANZBEDARF

FALSCHPARKER MÜSSEN KONSEQUENT
VERWARNT ODER ABGESCHLEPPT WERDEN.

Verkehrsmoral: Law & Order für alle, Verkehrsregeln durchsetzen

Mehr als 50% der Autofahrer verstoßen gegen das Abstandsgebot von 1,5 Metern, 77% empfinden das Klima auf den Straßen als aggressiv, zwei Drittel aller befragten Radfahrenden fühlen sich unsicher – das sind die Ergebnisse des Projektes Radmesser des Berliner Tagesspiegels[33], bei denen durch 100 Testfahrer 17.000 Überholvorgänge gemessen und 5.000 Radfahrer befragt wurden. Bis 1,5 Meter geht es um Regelverstöße, ab 2 Metern fängt Rücksicht an.

Freunden Sie sich mit Law & Order im Verkehr wieder an, denn die Verkehrsmoral ist längst außer Rand und Band geraten. Innere Sicherheit fängt mit den alltäglichen Toten und Verletzten auf den Straßen an, von den Fallzahlen allemal. Kümmern Sie sich liebevoll, oder auch mit strafender Hand, um das regellose Verhalten von Pkw- und Lkw-Fahrern: Bei 55 km/h und 1.500 kg sind diese mit einem 45-fach größeren Energie-Impuls als Radfahrerinnen unterwegs (Pkw vs. 25 km/h und 70 + 15 kg bei Radfahrern).

Nach der „Broken-Windows-Theorie" oder auf Deutsch „Wehret den Anfängen" ist die Wurzel allen Übels das ungenierte, vorsätzlich StVO-missachtende Parken von DHL, UPS und Konsorten. „Was die machen, mache ich auch", denken viele und die Verkehrsmoral ist in freiem Fall.

Sie können nicht nichts tun, wenn Sie den Radverkehr wachsen sehen wollen. **Ahnden Sie Regelverstöße der Stärkeren gegenüber den Schwächeren klar, deutlich und unmissverständlich.** Regeltreue für alle und zuerst bei den Starken, muss eine Haltung werden, die man mit Ihnen verbindet.

DER BERLIN-STANDARD FORDERT

- **Die Fahrradstaffel der Polizei soll auf mehr Verkehrssicherheit für Radfahrende und zu Fuß Gehende hinarbeiten und besonders Regelstöße ahnden, die die Sicherheit von Radfahrenden und zu Fuß Gehenden gefährden.**
- **Bei der Fortbildung von Leitungskräften ist verstärkt die Radverkehrsförderung und Diskriminierung von Radfahrenden zu schulen.**
- **Durch Öffentlichkeitsarbeit und begleitende Kampagnen wird die Verkehrssicherheit durch die Wiedereinhaltung geltender Verkehrsregeln verbessert.**

Erst 5000 €, dann 3.600 € und zuletzt sogar 900 €: So viel kostet es in Berlin, wenn Lkw-Fahrer Radfahrer tot fahren und sogar ihren Führerschein behalten dürfen.[34] Solange Gerichte bei tödlichen Zusammenstößen skandalöse Urteile abliefern, entfällt die generalpräventive Wirkung. Solange Ihre Polizei sich nach wie vor mit Autofahrern solidarisiert, wird sie die Schwachen nicht schützen. Solange…, solange…, solange… empfinden Autofahrer die Straßen als ihr alleiniges Territorium – ein gutes Miteinander geht anders.

ZAHLEN, DATEN, FAKTEN

Wussten Sie, dass 2013 alleine im Bezirk Berlin-Pankow über 40 Politessen im Dienst tätlich angegriffen und zwei angefahren wurden? Dass die Hamburger Polizei regelmäßig bei Überprüfungen feststellt, dass 90% aller Rotlicht-Verstöße von Autofahrern begangen werden? Und dass die ersten drei Sekunden von Spätgelb bis Tiefrot die Gefährlichsten sind, weil Fußgänger oder Radfahrerinnen da oft schon grün haben und es hier schon richtig abschreckend teuer werden müsste?

DAUMENREGEL

Setzen Sie alle Leitungskräfte, die auch nur den geringsten Bezug zum Radverkehr haben könnten, mehrmals im Jahr aufs Fahrrad und schulen Sie diese zu Ihrer Radverkehrsförderung.

Zum Weiterlesen: §§ 17, 21, 22, 38 MobG und §§ 12, 20 RadG.

QUICK-WIN-STRATEGIE

UMSETZUNGSDAUER

FINANZBEDARF

KINDER HABEN TEILS SEHR GENAUE VORSTELLUNGEN DAVON, WAS EINE KINDGERECHTE STRASSE AUSMACHT.

Kindertauglich: Die Kinder rein, damit die Autos draußen spielen können

Wenn sie zehn Jahre alt sind, müssen sie runter vom Gehweg, so sagt es das Gesetz. Aber wer wollte seine Kinder 40-Tonnern, hektischen Taxifahrern oder Handy-nutzenden Autofahrern aussetzen?

Eine No-Go-Area für Ausländer würde politisch auf das Schärfste diskutiert, bei Kindern ist es auf unseren Straßen leider akzeptierter Normalzustand. Zeit das umzudrehen!

Kinder wohnen häufig in Nebenstraßen, wo es keine Radwege gibt. Sollen sich die Kinder in Ihrer Stadt frei und gesund entwickeln, müssen Sie für sichere Kindermobilität jenseits von Elterntaxis sorgen. Wenn Eltern sagen, hier ist es so sicher, dass ich mein Kind alleine Radfahren lasse, dann haben Sie einen guten Job gemacht.

Auch wenn das Wort Kinder sowie Schulwegsicherheit nur ein einziges Mal im MobG auftaucht, gibt es eine bemerkenswerte eindeutige Aussage in der Präambel sowie im § 1 und § 3: "Mobilität in Berlin soll (...) in allen Teilen Berlins gleichwertig und unabhängig vom Alter (...) gewährleistet werden."

Dieser Paradigmenwechsel weg von objektiver Sicherheit – dem Handeln nach Zusammenstößen – hin zu subjektiver Sicherheit ist ein wesentlicher Meilenstein in der deutschen Verkehrspolitik. Er zwingt zu neuen infrastrukturellen Standards und kann gerichtlich eindeutige Klärungen herbeiführen.

DER BERLIN-STANDARD FORDERT

- **Das Land Berlin soll gleichwertige Mobilitätsmöglichkeiten in allen Teilen Berlins gewährleisten und damit die Teilhabe aller Personen am gesellschaftlichen Leben absichern.**
- **Die objektive und möglichst hohe subjektive Sicherheit für die Radfahrenden ist durch geeignete infrastrukturelle, verkehrsorganisatorische sowie kommunikative Maßnahmen zu erreichen.**
- **Zur Vermeidung von Unsicherheitsgefühlen sollen die subjektiven Wahrnehmungen der Menschen durch planerische Gestaltungen unter Sicherheitsaspekten positiv beeinflusst werden.**
- **Mit dem Ausbau des Radverkehrsnetzes wird sichergestellt, dass vor allem Schulen und Einrichtungen für Kinder, Jugendliche und Senioren direkt und sicher erreichbar sind.**
- **Die Jugendverkehrsschulen in allen Bezirken sind aufrecht zu erhalten.**
- **Das Verkehrssicherheitsprogramm hat in jedem Fall geeignete Maßnahmen festzulegen, die der Herstellung der Schulwegsicherheit bei konkreten Gefährdungen von Kindern dienen; diese sind von den für Verkehrssicherheit zuständigen Stellen umzusetzen.**

Schaffen wir es als Gesellschaft nicht, Mobilität und Beweglichkeit unserer Kinder zu steigern, werden wir das später konkret zu spüren bekommen.

ZAHLEN, DATEN, FAKTEN

Wussten Sie, dass der Bewegungsumfang von Kindern einen direkten positiven Einfluss auf deren Konzentration in der Schule und auf deren Schulnoten hat? Dass der frei erlaubte Aktionsradius für Kinder innerhalb von vier Generationen um 90% schrumpfte?[35] Dass 75% aller Befragten von Verkehrserziehungsdienststellen (Schulen und Polizei) sagen, dass die Radfahrfertigkeit von Grundschulkindern leicht bis stark abgenommen hat? Dass guter Radverkehrsunterricht in der ersten und zweiten Klasse um 40% bessere Fahrergebnisse als ungeschulte Kinder ermöglicht?[36]

DAUMENREGEL

Wenn Sie ein elfjähriges Kind an dieser oder jener Stelle alleine Radfahren lassen, dann haben Sie eine sichere Infrastruktur geschaffen – alles andere ist Murks und muss nachgebessert werden. Fragen Sie notfalls die Eltern.

Zum Weiterlesen: §§ 1, 3, 11, 36 MobG und §§ 3, 20 RadG

QUICK-WIN-STRATEGIE

UMSETZUNGSDAUER

FINANZBEDARF

Berlin dreht sich
VOLKS-
ENTSCHEID
FAHRRAD

Mängelbeseitigung: Pflegekräfte für die Willkommenskultur auf dem Radweg

„Sauber und ganz gibt altem Kittel neuen Glanz", so sagte mein Vater immer. Keine Baumwurzelschäden, keine Schlaglöcher, keine Gegenstände auf dem Radweg, keine Radwege, die im Nix oder in parkenden Autos enden – kurzum: Keine „Doof-Stellen" für Radwege.

Mit Mängeln sind kleine Schäden und schnell zu beseitigende Hindernisse gemeint, die die Qualität der Radwege verschlechtern oder zu kurzen, gefährlichen Lücken führen, aber auch Laubhaufen oder Ablagerungen.

Eine Willkommenskultur für Radfahrerinnen lädt auf intakte Radwege ein. Streifen und Flächen sind in frischer Farbe markiert und können wirken. Der Belag ist gut, ausgebessert, es rollt sich famos. Bordsteine sind abgesenkt, Hubbel finden sich dort nicht. Man fühlt sich wohl und spürt, dass die Stadt es ernst meint mit dem Radverkehr.

Im Winter sind die Radwege vor den Straßen top geräumt, Schneehaufen liegen nicht auf Geh- oder Radwegen, sondern auf den Fahrbahnen.[37] Wenn´s schneit oder glatt ist, sind Radfahrerinnen ungleich stärker gefährdet als Auto- und Lkw-Fahrer. Während Autos aufgrund ihrer Beschaffenheit und Konstruktion grundsätzlich stabil auch auf glatter Straße liegen, rutschen Fahrräder bei Glätte schnell weg. Schneeräumung und Glättebeseitigung sollte deshalb vorrangig auf Radverkehrsanlagen vor Hauptstraßen stattfinden.

DER BERLIN-STANDARD FORDERT

- **Neun Monate nach dem Inkrafttreten soll die erste Mängel-Liste veröffentlicht sein.**
- **Bei der Beseitigung der Mängel sind die Qualitätsstandards für gute Radwege anzuwenden.**
- **Spätestens neun Monate nach dem Inkrafttreten ist der Winterdienst umzupriorisieren; die wichtigsten 30% der Radwege, Fahrradstraßen und Radschnellwege sind vor den Kfz-Fahrspuren zu räumen.**
- **Gefährliche Mängel und Schäden sind sofort zu beheben. Mängel und Schäden, die die Qualität verschlechtern, sollen innerhalb von sechs Monaten beseitigt werden.**
- **Mängel können auch erst bei späteren, aber zeitlich festgelegten Baumaßnahmen beseitigt werden, solange es sichere Alternativen gibt.**
- **Bürgerinnen sollen Mängel per Web und App digital melden können; der Zustand und Mängel sind digital verfügbar zu machen und über deren Behebung soll regelmäßig berichtet werden.**
- **Ergänzend ist der Zustand der Radwege regelmäßig durch die Verwaltung zu erheben.**

Was bewirkt die Mängelbeseitigung? Radfahrerinnen fühlen sich von der Politik gleichwertig und ernstgenommen, vorbei ist das Gefühl von Bürgern dritter Klasse. Wer das erreicht, erlebt mehr Lob als Genöle. Schließlich überreden zufriedene Radfahrerinnen eher mal ihre Freundinnen, Partner, Bekannte oder Kinder zu einer Radtour oder zur täglichen Fahrt mit dem Rad.

ZAHLEN, DATEN, FAKTEN

Für das Land Brandenburg sind die Mängel an den Straßen per Befahrung analysiert worden: Nur 36% der Straßen erfüllen gesetzliche Standards, für Radwege sieht es nicht besser aus. Bei nur 2,30 bis 5,00 Euro Ausgaben pro Einwohner und Jahr in deutschen Großstädten ist klar, dass an den Mängeln noch nicht gearbeitet wird.

Wussten Sie, dass in Kopenhagen 80% aller Radfahrerinnen auch im Winter radeln, in den Niederlanden sogar 85%? Wussten Sie, dass selbst nördlich des Polarkreises im „kuscheligen" Oulu mit 1,9 Grad Jahresdurchschnittstemperatur der Radverkehrsanteil bei 21% liegt? Dass Sie für zweimal 30 Minuten Winter-Radeln jeden Tag einen halben Schokoladen-Weihnachtsmann verdrücken können?[37]

DAUMENREGEL

Mängel und „Doof-Stellen" sind oft für gerade mal 1.000 bis 5.000 Euro zu beseitigen. Davon lassen sich pro Jahr schnell mal 150 Stück pro Planer abarbeiten.

Zum Weiterlesen: § 48 MobG und § 10 und Artikel III RadG

QUICK-WIN-STRATEGIE

UMSETZUNGSDAUER

FINANZBEDARF

DIE MARKIERUNG EINES RADFAHRSTREIFENS FÜR
DIE FAHRT ENTGEGEN DER EINBAHNSTRASSE MACHT
RADFAHREN SICHERER UND KLARER – FÜR ALLE.

Einbahnstraßen: Rad-Abkürzungen zaubern

Einbahnstraßen machen für Radfahrerinnen vieles einfacher: Es gibt nur eine immer gleiche Richtung, aus der Pkws kommen. Fährt sie den Autos entgegen, sind die Gefahren immer im Blick, denn von hinten kann keine kommen. Öffnen Sie Einbahnstraßen und entspannen Sie den Verkehr auf Ihren Straßen.

Einbahnstraßen sind zudem oft Abkürzungen und werden häufig schon entgegen der Regeln genutzt. Mit ein bisschen Aufwand upgegradet, entwickeln sich daraus sichere Abkürzungen. Das macht diese Straßen attraktiv für den Radverkehr. Viele Einbahnstraßen sind bereits für den Fahrradverkehr in beiden Richtungen zugelassen – diese Ausnahme soll zur Regel gemacht werden.

DER BERLIN-STANDARD FORDERT

- **Alle Einbahnstraßen werden innerhalb von zwei Jahren nach Inkrafttreten des Gesetzes auf die Freigabe für das Fahrradfahren in Gegenrichtung geprüft.**
- **Sofern möglich, sollen diese Einbahnstraßen für den Radverkehr in Gegenrichtung geöffnet werden.**
- **Vor der Einrichtung von neuen Einbahnstraßen ist die Freigabe für den Radverkehr in Gegenrichtung zu prüfen und gegebenenfalls mit der Einrichtung der Einbahnstraße herbeizuführen.**
- **Zeitnah wird ein Leitfaden für das Öffnen von Einbahnstraßen für Radgegenverkehr erarbeitet.**
- **Sackgassen sollen für Radfahrende passierbar gemacht und dieses durch Beschilderung oder Markierung gekennzeichnet werden.**

In Wien und in den Niederlanden ist mit gestrichelten Linien der Fahrbereich für die Gegenrichtung des Radverkehrs markiert. Damit sortiert sich der Verkehr besser, Autofahrer und Radfahrerinnen sehen sich rechtzeitig, es fühlt sich sicherer an.

Häufig wurden Einbahnstraßen eingerichtet, weil diese Straßen zu eng für zwei Pkw-Spuren sind. Das ist aber kein Grund, auch Radfahrerinnen, die nicht mal die Hälfte des Platzes eines Pkws einnehmen, den Zugang zu diesen Straßen ebenfalls zu verwehren und zu Umwegen zu zwingen. Vielmehr gibt es ja Einbahnstraßen nur deshalb, weil Autos viel breiter als Fahrräder sind.

Oft kann mit wenig Aufwand aus einer Sackgasse ein Durchgangsweg für Radfahrerinnen gemacht werden. Öffnen Sie Sackgassen und Einbahnstraßen für den Radverkehr – dann können Sie sicher sein, dass es in Ihrer Stadt bald heißen wird, man sei mit dem Rad viel schneller da. Das macht den Radverkehr attraktiv.

ZAHLEN, DATEN, FAKTEN

Geöffnete Einbahnstraßen sind sehr sicher: Bei einer Analyse in Bayern ist aus 45 Städten mit geöffneten Einbahnstraßen in Summe nur ein einziger Unfall vermeldet worden. Auch die Unfallforschung der Versicherer kommt zu dem Fazit, dass die Öffnung eine verhältnismäßig sichere Infrastruktur darstellt.[38]

DAUMENREGEL

Wo heute schon Radfahrerinnen in der entgegengesetzten Richtung unterwegs sind, können Sie sicher sein, dass sich die Öffnung dieser Einbahnstraße lohnt. Legalisieren Sie ohnehin praktiziertes Verhalten.

Zum Weiterlesen: § 46 MobG und § 5 RadG.

QUICK-WIN-STRATEGIE

UMSETZUNGSDAUER

FINANZBEDARF

EIN ERFOLG DER FAHRRADSTAFFEL:
DURCH REGELMÄSSIGE KONTROLLEN WERDEN
RADVERKEHRSANLAGEN ZUNEHMEND FREIGEHALTEN.

Polizei-Fahrradstaffel: Mit #CopsOnBikes Unfallzahlen halbieren

„Ich fahr nicht Rad, weil ich Angst habe" – solche Meinungen sind ein Polizeiskandal für jede Stadt. Viele Menschen haben Angst vorm Radfahren, weil es ihnen zu gefährlich erscheint: Sie bleiben in ihren Autos und vergrößern das Problem für die anderen.

Nehmen Polizisten jedoch die Perspektive des Fahrradlenkers ein, verstehen sie den Radverkehr besser und sorgen schneller mal für die Regeleinhaltung aller und entsprechende Präventionsarbeit. Fahrrad-Polizisten senken nachweislich die Unfallzahlen und verbessern das Verhalten aller.[39] Ist es sicher, fahren mehr Menschen Rad. Wird wegen Vorsatz oder Behinderung der Hebesatz im Bußgeldkatalog genutzt, werden aus Knöllchen Knollen und die Chancen auf Verhaltensänderungen der Starken im Verkehr steigen.

DER BERLIN-STANDARD FORDERT

- **Bei allen Polizeidirektionen und Ordnungsämtern sollen Fahrradstaffeln eingerichtet und ausgerüstet werden.**
- **Die Fahrradstaffeln sollen sich sowohl auf Aufklärung als auch auf das Registrieren und Ahnden von Sicherheitsverstößen gegenüber schwächeren Verkehrsteilnehmern konzentrieren.**
- **Die Fahrradstaffeln sollen das Parken in zweiter Reihe, auf Bussonderfahrstreifen, Gleisanlagen sowie in den entsprechenden Haltestellenbereichen und auf Radverkehrsanlagen und Gehwegen unterschiedslos ahnden.**
- **Beschäftigte mit Vorgesetzten- und Leitungsfunktionen im allgemeinen Polizei- und Ordnungsdienst sowie in sonstigen Verwaltungen werden regelmäßig fortgebildet zu den Themen Radverkehrsförderung und Gleichstellung von Radfahrenden.**

Sie wollen wirklich etwas für Radfahrerinnen tun? Wenden Sie die Verkehrsregeln mit „Null-Toleranz"-Augenmaß gegen Lkw- und Pkw-Fahrer an. Play-the-rules kehrt dann auch bei den Radfahrern wieder ein, aber nicht, wenn von Polizisten bei Autofahrern zu oft das Auge zugedrückt wird und bei Radfahrerinnen jedes Licht kontrolliert wird. Über Kavaliersdelikte gegenüber den Schwachen sollten Sie nach ein paar Jahren nichts mehr hören.

Die Fahrradstaffel macht Ihre Polizei wieder bürgernäher, fast zum Nulltarif, und verbessert nachhaltig das Image Ihrer Freunde und Helfer. Nehmen Sie Kontakt auf mit den Kolleginnen und Kollegen der Berliner Fahrradstaffel und überzeugen Sie sich selbst,

ZAHLEN, DATEN, FAKTEN

Wussten Sie, dass sich innerhalb von drei Jahren nach dem Start der Fahrradstaffel in Berlin-Mitte mit 370.000 Einwohnern die Zahl der schweren Radverkehrsunfälle halbiert hat?[39] Wussten Sie, dass dort auch deutlich weniger Lkws und Lieferwagen auf Radwegen parken? Und dass es 200 Bewerber auf die 20 Stellen gab?

DAUMENREGEL

Stellen Sie pro 30.000 Einwohner einen Mitarbeiter für die Fahrradstaffel ein. Und ersetzen oder ergänzen Sie 20% Ihrer Polizeifahrzeuge durch Fahrräder für den Einsatz.

Zum Weiterlesen: § 21, 23, 38 MobG und § 12, 13 RadG

QUICK-WIN-STRATEGIE

UMSETZUNGSDAUER

FINANZBEDARF

BEISPIEL EINER GELUNGENEN PR-KAMPAGNE DER STADT OSNABRÜCK, UM DIE GELTENDEN VERKEHRSREGELN IN DIE KÖPFE ZU BEKOMMEN.

PR: Aufklärer gesucht, mit Öffentlichkeitsarbeit Ihre Stadt auf mehr Radverkehr einjustieren

Wenn Lieferdienste die StVO systematisch missachten, sinkt die Regelakzeptanz ins Bodenlose. Wenn der Autobestand wächst, wird es enger und aggressiver auf den Straßen. Wenn der Radverkehr wächst, müssen Auto- und Lkw-Fahrer dazulernen. Wenn Sie mehr Radwege bauen, müssen Sie das den Auto- und Lkw-Fahrern erklären und überzeugend vermitteln.

Denn laut werden die sein, denen Sie Platz wegnehmen. Jubeln werden die, für die Sie neue Radwege bauen, eher nur leise und das im Freundes- und Bekanntenkreis. Eine blöde Situation, oder?

Nichts tun geht nicht, Sie müssen kommunizieren. Werben Sie für den Bau sicherer Radwege, um Autofahrerinnen fürs Rad zu gewinnen und Stau zu reduzieren. Erklären Sie allen, dass sie sich an mehr Radverkehr gewöhnen müssen. Stehen Sie für die gemeinsamen Regeln der StVO ein. Machen Sie sich und Ihren Bürgern klar, dass mehr Rad das Beste ist, was Ihrer Stadt passieren kann.

DER BERLIN-STANDARD FORDERT

- **Durch kontinuierliche Öffentlichkeitsarbeit, Kommunikationsmaßnahmen und Kampagnen wird der Radverkehr gefördert, die Zielerreichung und Maßnahmenumsetzung unterstützt und die Regelkenntnisse für mehr Verkehrssicherheit aller verbessert.**
- **Die Bevölkerung ist über den tatsächlichen und den gewollten Radverkehrszuwachs, die positiven Auswirkungen für die Stadt, über die sich ändernde Verkehrssituationen (Anm.: die Wachstumsschmerzen) und die erforderlichen Maßnahmen zu sensibilisieren.**
- **Der Senat (Anm.: aus verschiedenen Bereichen) wirkt kommunikativ auf die Sicherheit der Radfahrenden hin, auf die für alle Verkehrsteilnehmer geltenden Verkehrsregeln, auf die Verbesserung der Verkehrsmoral aller und besonders auf die Sensibilisierung von gewerblichen Kfz-Fahrern auf ihr Gefährdungsrisiko gegenüber den Schwächeren.**
- **Diese Schwerpunkte sind in Abstimmung mit den Gremien, Verbänden und Fahrrad-Beiräten zu überprüfen und festzulegen.**
- **Jährlich wird die Wirksamkeit der Informationsarbeit evaluiert und die Öffentlichkeit über die konkreten Ziele, über die dafür vorgesehenen Maßnahmen und zu den erreichten Ergebnissen transparent im Internet informiert.**

Ach ja, verwenden Sie nie wieder das Wort Rücksicht, wenn Sie Regeltreue meinen, denn es verniedlicht die Einhaltung der StVO zu einer Frage möglichen Verhaltens.

Ziel Ihrer Kommunikation ist, Akzeptanz und Verhalten zu beeinflussen. Sparen Sie nicht am falschen Ende, denn satte PR-Budgets helfen Ihren Bürgern, die Flächenumverteilung zu akzeptieren, Ihnen ein starkes Wahlergebnis zu bescheren und ein besseres Miteinander gechillt zu genießen.

ZAHLEN, DATEN, FAKTEN

In der Wirtschaft wird oft jeder zehnte Euro in Werbung und Marketing investiert – das ist hier auch eine gute Regel. Das Bundesverkehrsministerium empfiehlt 50 Cent bis 1 Euro pro Einwohner und Jahr für PR und Kommunikation auszugeben.[40]

DAUMENREGEL

Investieren Sie pro Jahr und Einwohner mindestens 1 Euro in Öffentlichkeitsarbeit: So profitieren Sie von mehr Sicherheit, mehr medialer Unterstützung und besseren Wahlergebnissen beim nächsten Urnengang. Arbeiten Sie mit Profis und setzen Sie sich klare Kommunikationsziele, die Sie überprüfen können.

Zum Weiterlesen: § 17, 20, 21, 36 und 38 MobG und § 19 RadG.

QUICK-WIN-STRATEGIE

UMSETZUNGSDAUER

FINANZBEDARF

EINE HEATMAP VON BERLIN:
JE HELLER, DESTO MEHR RADFAHRTEN WURDEN
AUF DIESEN STRECKEN UNTERNOMMEN.
DIE MESSUNG ERFOLGT ÜBER DIE APP VON BIKE CITIZENS.

Partizipation: Mit App und Web Hilfe von der 2.0-Crowd nutzen

Tausend Augen sehen mehr als zwei. Wenn Sie das Wissen Ihrer Bürgerinnen für den Radverkehr einbeziehen möchten, dann aktivieren Sie die „Crowd". Das MobG zielt darauf ab, die alltäglichen Mobilitätserfahrungen der Bevölkerung sowie die Expertise aus Politik, Verwaltung, Hochschulen, Wirtschaft und Verbänden wirksam in die Planung einzubeziehen.

App- und Web-basierte Anwendungen führen zu neuen Einsichten jenseits der Bordmittel: Von welchen Straßen flüchten die Radfahrerinnen, weil sie sich unsicher fühlen? Welche Umwege nehmen sie für gute Wege in Kauf? In welchem Zustand sind die Radwege der Stadt? Bei welchen Baustellen ist kein sicherer Ersatz-Radweg eingeräumt worden? Wo werden Falschparker auf Radwegen übersehen?

Ihre Kommune hat in der Regel große Datenbestände, aber nutzt diese nicht für die Verbesserung von Radwegen. Aus Wohn- und Dienstort beispielsweise lassen sich Radverkehrsaufkommen analysieren und Maßnahmen priorisieren. Stellen Sie relevante Daten auf offenen Schnittstellen bereit, lassen sie Hacker daraus neues Wissen schaffen, das Ihnen hilft. **Freuen Sie sich über diese kostenlose Unterstützung Ihrer Bürgerinnen.** Auch wenn das anfangs mehr Arbeit macht – Ihren Job erleichtert das!

DER BERLIN-STANDARD FORDERT

- **Jährlich werden die Verkehrsdaten des Radverkehrs, des Berufs- und Freizeitverkehrs sowie der Unfälle und der Verkehrssicherheit erhoben und im Internet veröffentlicht.**
- **Pro 100.000 Einwohner wird ein automatischer Radverkehrszähler aufgestellt und dessen Daten digital tagesaktuell verfügbar gemacht.**
- **Kontroll-Ergebnisse, Anzeigen zu Verkehrsverstößen und Mängelmeldungen zur Infrastruktur sollen maschinenlesbar und datenschutzkonform veröffentlicht werden.**
- **Das Land Berlin stellt für seine Behörden und landeseigenen Unternehmen sicher, dass über alle Tätigkeiten, Projekte und Maßnahmen im Internet transparent, maschinenlesbar und nachvollziehbar berichtet wird.**

Im digitalen Zeitalter steigt der Anspruch der Bürger und Medien nach Transparenz. Sie wollen wissen, was geplant und wann mit welchen Verbesserungen zu rechnen ist. Nutzen Sie die digitalen Formate, um Ihre Kommunikation proaktiv zu gestalten, so verschwenden Sie keine Zeit mit hunderten Anfragen der Bürgerinnen; halten Sie hinterm Berg, werden Sie gelöchert. Die Stadtteilgruppe Berlin Tempelhof-Schöneberg hat über 100 gesetzeswidrig eingerichtete Baustellen gemeldet.[31]

Nutzen Sie die Möglichkeiten, die App, Web und Crowd Ihnen bieten. Für den Bezirk Berlin-Neukölln konnten wir mit den Bike Citizens Analytic Tools eine vollständige Analyse von guten und schlechten Radrouten vornehmen, in Heatmaps darstellen und die Planung faktenbasiert verbessern: Die Planer können besser priorisieren. Cycle-Hacks, FixMyBerlin, Wegeheld-App, Mängel-Melder oder die Eingabemaske für neue Radparkplätze des Berliner Netzwerks Fahrradfreundliche Mitte sind Beispiele für helfende Anwendungen, die Zahlen brauchen und aus Zahlen für Sie wertvolle Daten machen.

ZAHLEN, DATEN, FAKTEN

Wussten Sie, dass der Radverkehr in Berlin laut Pegelzähler Jahr für Jahr um 10–25% wächst? Hätte die Stadt je von der „Radfahrerhölle Oranienstraße" erfahren, wenn die Radfahrerinnen nicht in einem Online-Dialog nach ihren Unwohl-Stellen gefragt worden wären?

DAUMENREGEL

Legen Sie sich einen Twitter-Account zu und kommunizieren Sie ehrlich und offen mit Ihrer Radler-Crowd, dann kriegen Sie die wichtigsten Dinge mit. Lassen Sie die Finger von schnell gestrickten Mängel-Meldern, wenn Sie nicht gleichzeitig adäquat Personal und Budget zur Mängelbeseitigung einplanen.

Zum Weiterlesen: §§ 5, 19, 22, 37, 39, 40 MobG und §§ 15, 21 RadG

QUICK-WIN-STRATEGIE

UMSETZUNGSDAUER

FINANZBEDARF

VERBESSERUNGEN NACH DEM VOLKSENTSCHEID: STEIGERUNG DER PARKEFFIZIENZ AUF ÖFFENTLICHEN FLÄCHEN UND GLEICHZEITIG BESSERE SICHTVERHÄLTNISSE IN DEN KREUZUNGSBEREICHEN (ROCHSTRASSE/MÜNZSTRASSE IN BERLIN-MITTE).

Radparkplätze in der Stadt: Gehwege freihalten, City-Shoppen beleben

Viel Radverkehr braucht viele Parkplätze für Fahrräder. Wer heute Berliner Straßen betrachtet, stellt fest: Oft sind die Laternen und Straßenschilder doppelt und dreifach mit Fahrrädern zugekettet.

Fußgängern, Menschen im Rollstuhl oder Kinderwagen verbleibt oft kein Meter, um sich zwischen Hauswand und Fahrrädern durchzuquetschen, wie bei parkenden Pkws auch. Die Innenhöfe quellen über mit Fahrrädern, die Keller und Hausflure sind zugestellt. Was fehlt, sind sichere Anschließmöglichkeiten. **Wer mehr Radverkehr will, muss mehr Parkplätze bauen – für Fahrräder!**

Wer seinen lokalen Einzelhandel fördern will, sollte Kfz-Parkplätze in Radparkplätze umwandeln und sich freuen, dass die Ladenkasse öfter klingelt. Weil Radfahrerinnen schneller mal anhalten können, um noch ein paar Dinge zu besorgen, stärkt das die Läden vor Ort.[41] Autofahrer schaufeln sich eher mal den Kofferraum voll – draußen im Supermarkt vor der Stadt.

DER BERLIN-STANDARD FORDERT

- **Pro Jahr sollen 10.000 Abstellmöglichkeiten eingerichtet werden, in den ersten zwei Jahren jeweils nur 5.000 bis zu einem Zwischenziel von 50.000 Plätzen bis 2025, u.a. in Geschäftsstraßen, an Schulen, sozialen und kulturellen Einrichtungen.**
- **Wildparken, Bedarf und Auslastung der Radparkplätze werden regelmäßig überprüft, Waisen- und Schrott-Räder entfernt und das Angebot entsprechend des geplanten Radverkehrszuwachses vorausschauend angepasst.**
- **Radparkplätze sollen dem Fußverkehr mindestens 1,5 Meter Platz lassen, vorrangig auf Pkw-Stellplätzen errichtet werden und keine neuen Angsträume schaffen.**
- **Drei Autolängen (15 m) vor und nach Knotenpunkten sind gute Sichtbeziehungen durch Fahrradständer auf vormaligen Pkw-Parkplätzen herzustellen.**
- **Für das private Aufstellen von Fahrradboxen oder Sammelgaragen auf breiten Gehwegen oder umgewidmeten Pkw-Parkplätzen sollen einfache, schnelle, unbürokratische Verfahren etabliert werden.**

Der Kauf von hochwertigen Rädern unterbleibt oft, weil es keine sicheren Abstellmöglichkeiten gibt, das A und O für teure Räder. Auch die Immobilienwirtschaft kann kräftig Geld sparen, wenn sie Radparkplätze statt Tiefgaragen baut. Geschickt platziert könnten Radabstellplätze die Verkehrssicherheit an Einmündungen und Kreuzungen erhöhen, denn sie erlauben im Gegensatz zu parkenden Pkws den kompletten Überblick übers Kreuzungsfeld.

ZAHLEN, DATEN, FAKTEN

Häufig sind 10–15% der geparkten Fahrräder sogenannte Waisen-Räder, aufgegebene, meist durch Vogeldreck und Botanik bereits gekennzeichnete Räder, die die knappen Radabstellplätze für andere versperren. Zehn Fahrräder können auf der gleichen Fläche parken wie ein Auto: Die Umwandlung maximiert die Park-Effizienz. Und weltweit gibt es keine Studie, die einen Umsatzrückgang bei fahrradfreundlichem Umbau beweist. Im Gegenteil, diverse Studien belegen, dass die Ladenkasse zum Ende des Monats zu 80% von Fußgängern, Radfahrerinnen oder ÖPNV-Fahrgästen gefüllt wurde.[41]

DAUMENREGEL

15 Radparkplätze pro 1.000 Einwohner, das ist die Ausstattungsregel für den Grundbedarf. Prüfen Sie zwei- bis dreimal im Jahr wie viele Wildparker, Waisen- und Schrott-Räder Sie vorfinden: Dann können Sie die Kapazität rechtzeitig sicherstellen und für Abhilfe sorgen.

Zum Weiterlesen: § 47 MobG und § 11 RadG.

BASIC-STRATEGIE

UMSETZUNGSDAUER

FINANZBEDARF

FOTOMONTAGE EINER GESCHÜTZTEN KREUZUNG
VOM RADENTSCHEID DARMSTADT.

Kreuzungen: Blutzufuhr senken – sicher rüber kommen

Meistens kracht es an Kreuzungen, wo sich Rad-, Pkw- und Lkw-Verkehr treffen. Entweder fließt Blut oder die Beteiligten konnten in letzter Minute Schlimmes vermeiden, mit Herzklopfen, hohem Blutdruck und Angstgefühlen.

Erleichtern Sie allen Fahrerinnen und Fahrern das Leben, denn Auto- oder Lkw-Fahrer wollen kein lebenslanges Schuldgefühl mit sich herumtragen.

Gefahr an Kreuzungen schreckt Möchtegern-Radfahrerinnen ab, gefühlte Sicherheit ist der Schlüssel für die Gestaltung. Klar wird, dass zweispurige „Innenstadt-Autobahnen" mit hohen Abbiegegeschwindigkeiten echte Hemmschwellen sind und bestenfalls als Mutproben für die Sportiven taugen.

Denn hohe Abbiegegeschwindigkeiten heißen auch, weniger Zeit für die sorgfältigen Blicke in den Risiko-Winkel* zu haben, so dass die oft zitierten Sekundenbruchteile, in denen es passierte, die logische Konsequenz sind. Wer hohe Abbiegegeschwindigkeiten plant und baut, hat genau diese gewollt – und damit den oft tödlichen Risikozuwachs begünstigt.

Gutes Kreuzungsdesign reduziert nicht nur die Blutzufuhr in doppeltem Sinne, sondern steigert die Kapazität für alle. Bei steigendem Radverkehr können Pkw-Fahrer kaum noch abbiegen: Unterlassen Sie den Umbau, machen Sie allen das Leben schwerer.

DER BERLIN-STANDARD FORDERT

- **Pro Jahr sind mindestens 30 Kreuzungen sicher umzubauen, in den ersten zwei Jahren dürfen es auch nur 10 bzw. 20 sein.**
- **25 Kreuzungen sind nach der Liste der gefährlichsten Kreuzungen gemäß Unfallstatistik und objektiver Daten auszuwählen.**
- **Pro Jahr sind die fünf gefühlt unsichersten Kreuzungen umzubauen, basierend auf regelmäßigen Befragungen; die erste Befragung ist im Jahr nach Inkrafttreten durchzuführen.**
- **Vorstreckungen (kleine Verkehrsinseln) sollen sicherheitsverträgliche, langsame Abbiegegeschwindigkeiten für den Pkw- und Lkw-Verkehr herstellen.**
- **An 50 Kreuzungen pro Jahr sind farblich deutlich markierte Aufstell- und Abbiegezonen zwischen wartendem Kfz-Verkehr und der Haltelinie einzurichten.**

Immer mehr Unfälle mit abbiegenden Lkws erzeugen Angst: Tun Sie etwas für ein gutes Klima und spendieren Sie Aufstellzonen für den Radverkehr. Sie verbessern die Sicht und beschleunigen den Wirtschaftsverkehr, denn der Stau an Kreuzungen wird kleiner, wenn der Radlerpulk in einem Schwung den Ampelbereich verlassen kann. Und Sie lassen Ihre Radfahrerinnen nicht die giftigen Abgase hinter den Autos und Lkws einatmen.

ZAHLEN, DATEN, FAKTEN

Zwei Drittel aller Unfälle findet an Kreuzungen, Einfahrten und Einmündungen statt.[42] Auf 5.300 Kilometer Straßen in Berlin kommen mehr als 10.000 Kreuzungen oder Einmündungen mit Ampeln.

DAUMENREGEL

Eliminieren Sie Autobahn-ähnliche zweispurige Abbiegemöglichkeiten, denn diese stehen immer (!) für schlechte Sichtbeziehungen und zu hohe Abbiegegeschwindigkeiten. Bauen Sie Fußgänger-Inseln, „Gehwegvorstreckungen" oder Poller weitestmöglich an den Kreuzungspunkt heran, denn der rechte Winkel dreht das Fahrzeug, sorgt für den Sicherheitsblick auf Radfahrerinnen und reduziert die Abbiegegeschwindigkeit. Setzen Sie sich ein Ziel, wie viel Kreuzungen Sie jährlich umbauen wollen.

Zum Weiterlesen: § 21, 38, 44 MobG und § 8 RadG

* Den toten Winkel gibt es nicht – im Stand ist alles einsehbar. Der ADFC Berlin hat dazu sehr schön die Fakten aufgelistet. Je schneller ein Lkw-Fahrer jedoch abbiegt, umso weniger ist er in der Lage, alle vorhandenen Sichtinformationen zu einem Lagebild zu verdichten.

BASIC-STRATEGIE

UMSETZUNGSDAUER

FINANZBEDARF

FOTOMONTAGE DER BESTEHENDEN FAHRRADSTRASSE IN DER PRINZREGENTENSTRASSE IN BERLIN-SCHÖNEBERG ALS UPGRADE GEMÄSS MOBG: MODALE FILTER, DIE NUR DEN RADVERKEHR DURCHLASSEN, NUR KFZ-ANWOHNER-VERKEHR, GRÜNFLÄCHEN STATT ASPHALT UND LEBEN AUF DER STRASSE.

Fahrradstraßen: „Fahrrad first" nur für Radfahrerinnen

Gute Fahrradstraßen sind der Staubsauger der Hauptstraßen: Sie ziehen Radfahrerinnen magisch an und konzentrieren den Radverkehr auf die Nebenstraßen. Sie entlasten die Hauptstraßen und erzeugen ein herzerfrischendes Aufatmen für die Menschen auf dem Rad, Autos sind hier bestenfalls nicht gern gesehene Gäste. Spendieren Sie Ihren wichtigsten Nebenstraßen ein Upgrade zur Fahrrad-First-Straße.

Keine Autos und Lkws, keine Zweite-Reihe-Parker, immer Vorfahrt für den Radverkehr und kein Rechts-vor-Links, gute Einmündungen, so dass man die Radfahrerinnen rechtzeitig sehen kann, ausreichend breit, denn in einer guten Fahrradstraße haben Sie zur Hauptverkehrszeit in beide Richtungen viele schnelle und viele langsame Radfahrerinnen.

Autobahnen haben wir für „Autos only" gebaut – zeigen Sie Ihr Können für „Fahrrad first" in den Nebenstraßen.

DER BERLIN-STANDARD FORDERT

- **Pro Jahr sind 50 km Fahrradstraßen einzurichten, entsprechend 1% aller Straßenkilometer.**
- **Fahrradstraßen sollen 5 Meter breit außerhalb des Gefährdungsbereiches von Autotüren sein. Die befahrbare Breite ist beidseitig am Fahrbahnrand mit Fahrbahnbegrenzungslinien sowie neben dem Parkbereich mit Leitlinien mit breitem Strich zu kennzeichnen.**
- **Fahrradstraßen sind so zu gestalten, dass der Kfz-Durchgangsverkehr wirksam verhindert und maximal abgebremst wird.**
- **Für den Radverkehr ist eine Vorfahrtberechtigung durch bauliche und verkehrsrechtliche Maßnahmen gegenüber einmündenden Nebenstraßen gesetzeskonform und optisch erkennbar einzurichten.**
- **Fahrradstraßen sind an Kreuzungen durch ein Piktogramm zu kennzeichnen und mit guten Sichtbeziehungen zu gestalten.**
- **In Fahrradstraßen sind genügend Lieferzonen einzurichten.**

Fahrradstraßen trennen den Pkw- und Lkw-Verkehr vom Radverkehr und beschleunigen den Radverkehr in separaten Nebenstraßen. Vieles lässt sich schnell mit Schildern, Pinsel und ein paar Pollern einrichten, die den Kfz-Verkehr heraushalten. Wer einmal die Linienstraße in Berlin morgens um halb neun gesehen hat, weiß um die Attraktivität für den Radverkehr: Hier fährt Jung und Alt, Mädchen oder Junge gerne.

ZAHLEN, DATEN, FAKTEN

Weniger als 4% aller Fahrradstraßen in Deutschland sind ausschließlich dem Radverkehr vorbehalten.[43] Alle anderen tolerieren Pkws oder Lkws, ob im Durchgangs- oder im Anliegerverkehr. Bei den für Anlieger geöffnete Fahrradstraßen missachten mehr als 90% aller Pkw- und Lkw-Fahrer ihr Fahrverbot. „Fahrrad first" bedeutet mehr.

DAUMENREGEL

Richten Sie pro Jahr auf 1% Ihrer Straßen echte Fahrradstraßen ein. Ein Mindestziel sind 10% Ihrer Nebenstraßen oder, für größere Städte, so viele Kilometer wie Sie Pkw- und Lkw-only-Straßen in Ihrer Stadt haben (z.B. Autobahnen).

Zum Weiterlesen: § 44 MobG und § 4 RadG

BASIC-STRATEGIE

UMSETZUNGSDAUER

FINANZBEDARF

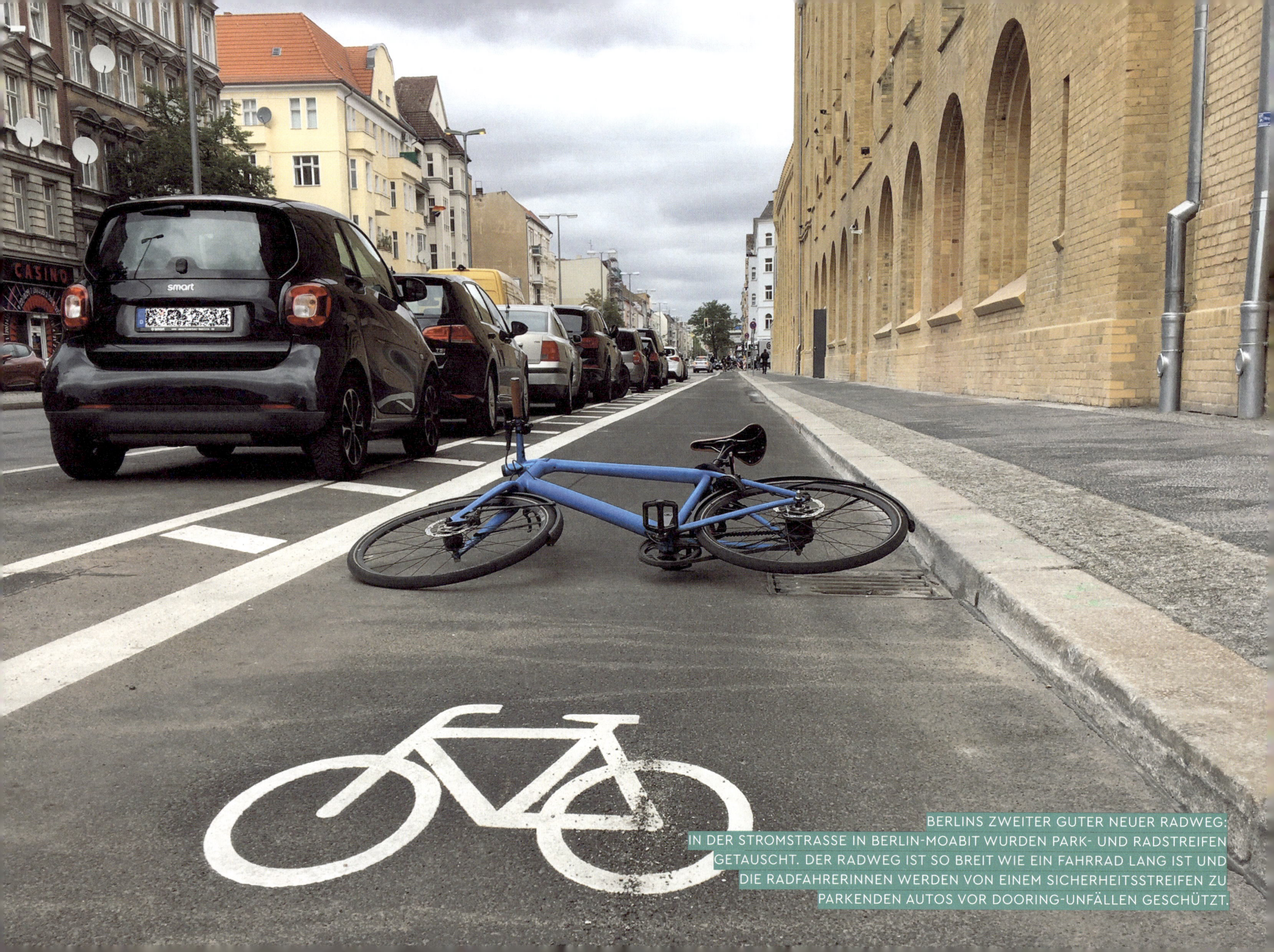

BERLINS ZWEITER GUTER NEUER RADWEG:
IN DER STROMSTRASSE IN BERLIN-MOABIT WURDEN PARK- UND RADSTREIFEN GETAUSCHT. DER RADWEG IST SO BREIT WIE EIN FAHRRAD LANG IST UND DIE RADFAHRERINNEN WERDEN VON EINEM SICHERHEITSSTREIFEN ZU PARKENDEN AUTOS VOR DOORING-UNFÄLLEN GESCHÜTZT.

Radwege: Wohlfühlen auf Spurbreite K

Spurbreite K ist 3.000 mm breit, eine volle Kfz-Spur. Was Sie Autofahrern gönnen, sollten Sie Radfahrerinnen nicht vorenthalten. Denn auch die wollen nebeneinander fahren und sich entspannt unterhalten. Sie wollen überholen können, auch wenn eine etwas schlenkert oder zwei nebeneinander plaudern.

Vor allem wollen Radfahrerinnen keine Angstgefühle spüren. Die Straßenpinseleien der letzten Jahre sind deshalb mega-out. Einen guten Radweg erkennt man daran, dass er vor Pkws und Lkws geschützt ist, dass Eltern ihre Kinder dort alleine Rad fahren lassen. Radwege sind die wichtigste Radinfrastruktur, machen Sie hier beste Arbeit!

DER BERLIN-STANDARD FORDERT

- **An allen Hauptstraßen sind gute, geschützte Radwege zu bauen.**
- **Radwege müssen geschützt sein und so gebaut werden, dass Pkws und Lkws nicht darauf fahren, halten oder parken können.**
- **Radwege sollen so breit sein, damit sich Radfahrerinnen sicher überholen können, also deutlich über 2 Meter breit.**
- **Radwege sind in sicherem Abstand zu den potentiell sich öffnenden Türen parkender Pkw und Lkw anzulegen.**
- **Radwege sind mit einem erschütterungsarmen, gut befahrbaren Belag zu bauen oder zu sanieren.**
- **Bei Kreuzungen und Einfahrten müssen Radwege so gebaut oder angelegt sein, dass Radfahrerinnen jederzeit gut gesehen werden können.**
- **Alte und neue „Schummelradwege" sind umzugestalten, so dass sich Radfahrerinnen und Fußgänger nicht ins Gehege kommen: Keine gemeinsamen Geh- und Radwege, eine klar erkennbare Trennung zwischen Rad- und Gehweg.**
- **Neue und alte Radwege sollen weder den Fußverkehr noch den ÖPNV verschlechtern: Keine Verkleinerung von Gehwegen, keine gemeinsame Führung auf Busspuren.**
- **Innerhalb von drei Jahren sollen fehlende Radwege gebaut sein; in weiteren fünf Jahren sollen alte Radwege auf neuem Niveau saniert und umgebaut werden.**

Breite, geschützte Wohlfühl-Radwege bauen ist die wichtigste Aufgabe für mehr Radverkehr. Selbst die IHK Berlin fordert Radwege statt Fahrverbote, denn breite Radwege reduzieren den Kfz-Verkehr und senken die Luftvergiftung unter die gesetzlich vorgeschriebenen Grenzwerte. Der sicherste Radweg Berlins schützt durch parkende Autos vor den rasenden 40-Tonnern, SUVs und gehetzten Lieferdienstlern. Trennen Sie auch Rad- und Gehwege, damit Fußgänger nicht über die Angst vor dem Radverkehr klagen.

ZAHLEN, DATEN, FAKTEN

Ein Drittel aller Straßenkilometer in Berlin liegen an Hauptstraßen. Neun von zehn Radwegen in Berlin gelten als nicht (kinder-) sicher, nahezu alle Pinseleien der letzten Jahre sowie die für den Radverkehr geöffnete Busspuren ebenfalls.[16]

DAUMENREGEL

Schützen Sie Radfahrerinnen ganz einfach und kostengünstig durch parkende Autos oder mit Pollern, Blumenkübeln oder was Ihnen sonst einfällt. Fragen Sie Eltern, ob sie ihr Kind auf dem Radweg fahren lassen würden – falls nicht, bitte nachbessern. Und legen Sie sich der Länge nach quer auf den Radweg und strecken die Arme aus: Sollte er schmaler sein, verstößt er gegen das Gesetz.

Zum Weiterlesen: : § 43 MobG und § 7 RadG

BASIC-STRATEGIE

UMSETZUNGSDAUER

FINANZBEDARF

Personal: Viel hilft viel – Planer einstellen, Organisation fit machen

Kein Budget, keine Mitarbeiter, keine ordentlichen Radwege – so einfach ist die Milchmädchenrechnung. Stellen Sie dagegen Planerinnen und Planer ein, werden diese schon fast automatisch die richtigen Dinge tun, nämlich gute Radwege bauen. Sie müssen dann eigentlich nur noch „kindersichere" Standards definieren und schon werden Sie Ihren Radverkehr wachsen sehen.

„Radverkehr ist Chefsache": Ein überzeugter Chef oder eine überzeugte Chefin ersetzt zig Planer, denn in Behörden wirkt die Hierarchie noch weiter Wunder. Machen Sie klar, wo der Hase langläuft und setzen Sie schnell Ihre Standards. Statuieren Sie Exempel bei Missachtung und honorieren Sie diejenigen, die mitziehen. So können Sie auch bei knappem Geldbeutel schnell beim Lernen nachhelfen.

DER BERLIN-STANDARD FORDERT

- **Direkt bei der politischen Leitung wird eine neue Stabsstelle zur Gesamtplanung, ämterübergreifenden Koordination, Transparenz- und Öffentlichkeitsarbeit angesiedelt.**
- **Für die Planung und Umsetzung von Radverkehrsmaßnahmen sowie für die Datenerhebung und korrekte Baustelleneinrichtung ist eine Fachstelle Radverkehr einzurichten.**
- **Jeder Bezirk benennt einen Radverkehrskoordinator und richtet mindestens zwei hauptamtlich Beschäftigte (Vollzeitäquivalente) für den Radverkehr zur Planung und Umsetzung der bezirklichen Maßnahmen ein.**
- **Auch ein landeseigenes Unternehmen kann als ergänzende zuständige Stelle Aufgaben übernehmen, das aktuell im Internet über seine Tätigkeiten und Maßnahmen berichtet und dabei vollständig dem Berliner Informationsfreiheitsgesetz unterliegt.**
- **Die Personal- und Sachausstattungen leiten sich aus den Mengenzielen, Aufgaben und guter Praxis ab.**
- **Ein Bündnis für Radverkehr wird zwischen den Bezirken und zuständigen Einrichtungen zur beschleunigten Umsetzung ihres Zweijahresplans koordiniert.**
- **Ergänzend koordiniert der Senat einen „FahrRat" aus Vertretern der Verbände, Kammern und Gesellschaft zur Unterstützung der Radverkehrspolitik und der Maßnahmen. Entsprechende „FahrRäte" sollen die Stadtteile beraten.**

Wenn Sie wirklich deutlich mehr Radverkehr wollen, dann werden Sie schon wissen, welche Organisation Sie dafür brauchen. Holen Sie sich die Ressourcen von den Kfz-Straßenbauern, denn von diesen sollten sie zukünftig weniger brauchen, wenn Sie den Radverkehr fördern wollen.

ZAHLEN, DATEN, FAKTEN

Vor dem Radgesetz hatte Berlin mit seinen zwölf großstadtähnlichen Bezirken in Summe vier Mitarbeiter für den Radverkehr. Inzwischen wurde auf über 70 Stellen im Senat, der InfraVelo GmbH und in den Bezirken aufgestockt. Um 51 Mio. Euro pro Jahr zu „verbauen", bräuchte es jedoch mehr als 130 Mitarbeiter.

DAUMENREGEL

Je 25.000 Einwohner stellen Sie einen Planer oder eine Planerin ein. Pro 400.000 Euro Budget pro Jahr, die Sie für den Radverkehr ausgeben wollen, brauchen Sie mindestens einen Planer, in effizienteren Verwaltungen gilt auch 1:600.000. Planer finden Sie am freien Arbeitsmarkt, wenn Sie wettbewerbsfähig bezahlen – oder schulen Sie Ihre Kfz-Straßen-Planer einfach um.

Zum Weiterlesen: : § 37 MobG und § 14 – 18 RadG

BASIC-STRATEGIE

UMSETZUNGSDAUER

FINANZBEDARF

MENÜ-VORSCHLAG

Amuse-Gueule

Frische Wurzeln aus gereiftem 70er Jahre Asphalt (Mängelbeseitigung).......... 21,70

Hors d'oeuvre

ARAS in Aspik, 350 g (Aufstellzonen vor Ampeln).......... 3,70
50 grüne Wellen, kurz blanchiert und frisch serviert (Grüne-Welle-Ampeln).......... 4,00
Sizilianische Tomaten-Sauce an Cross-Over, rare (Rot-Markierung an Kreuzungen).......... 2,00

Minestrone

Blaue St. Gallener Kartoffelsuppe (Fahrradstraßen-Markierungen).......... 12,90
B+R-Bouillabaisse am Bahnhof und U-Bahn-Schacht (B+R-Plätze).......... 47,10

Beef

Protected Bike Lane, gespickt mit Rote-Beete-Pollern (geschützte Radwege).......... 55,70
Canapé an Intersections, langsam genossen (sicherer Kreuzungsumbau).......... 100,00
Roastbeef auf Frühlings-Radschnellwegen (Radschnellwegebau).......... 242,90

Cuisine végétarienne

Vertauschte Streifennudeln in Schwarz & Weiß (Tausch-Rad-/Parkstreifen).......... 21,70
Carpaccio von haricots verts an weißen Bandnudeln (Grünmarkierug von Radwegen).......... 11,10

Dessert

Verdauungs-Digestif, im Schrottradfass mindestens 3 Jahre gelagert (Beseitigung).......... 2,00
Cargo-Bikes im Doggybag zum Mitnehmen (Lastenrad-Förderprogramm).......... 2,00
40 Kalorien-Zähler an ausgewählten Radwegen (Radverkehrspegelzähler).......... 4,90

Alle Angaben in T€ pro 10.000 Einwohner
als Gesamtkosten RadG in Berlin auf Basis Schätzung
des Volksentscheid Fahrrad | Juni 2016

Budget: Investieren nach Budgetgerechtigkeit

Wenn Sie Autofahrerinnen zu Radfahrerinnen upgraden wollen, sollten Sie in den Service investieren. **Sichere und attraktive Rad-Infrastruktur scheitert nicht am Geld, Sie müssen es nur anders ausgeben.** Pro Kilometer fließt in den Autoverkehr selbst nach Abzug der Steuereinnahmen in der Regel zehn- bis hundertmal mehr als in den Radverkehr.[44] Als Kind würde man sagen, das ist ungerecht, als Radfahrerin auch.

Mit Zahlen stellt man Forderungen, sagte neulich eine pfiffige Mitarbeiterin eines Tourismusverbandes. Wenn Sie Ihren Radverkehr wirklich ausbauen wollen, brauchen Sie klare und transparente Haushaltstitel. Beauftragen Sie Ihren Radverkehrsbeauftragten, Forderungen konkret zu machen und überschlägig in Euros zu kalkulieren. So übersetzen Sie Radverkehr in die Sprache der Kämmerer und machen das Ausbau politisch diskutierbar.

Gute Radwege kosten, das kennen Sie vom Straßenbau ja auch. Nur sind Radwege verglichen damit ein Schnäppchen und obendrein ist die Rendite in Sachen Klimaschutz, gute Luft und Lebensqualität ein Vielfaches höher.

DER BERLIN-STANDARD FORDERT

- **Für die erforderlichen Aufgaben laut Gesetz sollen ausreichend Personal- und Sachmittel zur Verfügung gestellt und EU- und Bundesförderprogramme einbezogen werden.**
- **Eine Stabstelle Radverkehr auf Senatsebene plant das Berliner Radverkehrsnetz und erarbeitet dafür den Umsetzungs- und Budgetplan.**
- **Innerhalb eines Jahres nach Inkrafttreten dieses Gesetzes ist ein Umsetzungs- und Budgetplan zu erarbeiten, dem Abgeordnetenhaus vorzulegen und dann jährlich fortzuschreiben, um Ziele und Maßnahmen frist- und qualitätsgerecht zu realisieren.**
- **Für die bezirklichen Maßnahmen sind die Mittel als Einzelpläne und nicht als Globalzuweisungen zur Verfügung zu stellen.**
- **Bei dem Ausbau und der Finanzierung im Stadt-Umland-Bereich soll dem Rad- und ÖPNV-Verkehr Vorrang vor dem motorisierten Individualverkehr eingeräumt werden.**

Wählen Sie aus der Menükarte für Radverkehrsinvestitionen: 1.000 Meter Fahrradstraße gibt es ab 10.000 Euro, 1.000 Meter Radwege kosten ab 200.000 Euro und 1.000 Radabstellplätze 250.000 Euro. Zugegeben, für den Otto-Normal-Verbraucher große Zahlen. Verglichen mit 1.000 Metern Umgehungsstraße für 9.500.000 Euro sind das jedoch geradezu Schnäppchen.[44]

Wollen Sie öfter eine rote Schleife durchschneiden und dazu ein paar nette Presseartikel produzieren, dann konzentrieren Sie sich doch einfach mehr auf den Radverkehr – da bekommen Sie mehr für Ihr Geld.

ZAHLEN, DATEN, FAKTEN

Wussten Sie, das Bremen nur 3% seiner Verkehrsausgaben in den Radverkehr investiert, aber längst einen Radverkehrsanteil von 21% aufweist?[42] Dass man für eine halbe Milliarde Euro in Berlin entweder drei Kilometer Stadtautobahn oder 4.000 Kilometer beste Radwege bekommen kann?

DAUMENREGEL

Leisten Sie dem Bundesverkehrsministerium[40] Folge und investieren Sie mindestens 8–19 Euro pro Einwohner und Jahr in den Radverkehr (Pflicht). In der Kür zielen Sie auf die Budgetgerechtigkeit: Der Ausgaben- und Investitionsanteil für den Radverkehr sollte mindestens dem heutigen Verkehrsanteil entsprechen oder mindestens einem Zehntel Ihrer Ausgaben für den Kfz-Verkehr.

Zum Weiterlesen: : § 14, 20, 49 MobG und § 3, 14, 18 RadG

BASIC-STRATEGIE

UMSETZUNGSDAUER

FINANZBEDARF

Dienstfahrräder: Nur das Beste für den Chef

Sie wollen Vorbild sein? Dann probieren Sie es mit einem Quick-Check: Geben Sie Ihren Namen in Google ein und ergänzen das Wort Fahrrad. Tauchen da mindestens zehn Bilder mit Ihnen und Fahrrad auf, stehen Sie vorbildlich für eine moderne Verkehrspolitik. Wenn nicht, dann beschaffen Sie sich schnellstens ein Dienstfahrrad, um nicht als altbackener Politiker abgestempelt zu werden. Radfahren ist heutzutage angesagt, hält jung und fit, senkt die Krankheitstage und zeigt Bürgernähe.

In Studien[45], die den Umstieg vom Pkw aufs Fahrrad untersuchen, berichten 39% der Umsteiger sogar von besserem Sex, besserer Beziehung, mehr Lebensfreude und zu 80% bessere Konzentration und Effektivität bei der Arbeit. Auch den Chefs fiel auf, dass ihre Umsteiger 45% produktiver als vorher sind. Wenn Sie das wollen – hier sind die Maßnahmen:

DER BERLIN-STANDARD FORDERT

- **Außendienst-Mitarbeitern der Ordnungsämter sollen Dienstfahrräder bereitgestellt werden.**
- **Innerhalb von fünf Jahren sollen 20% des städtischen Pkw-Pools durch Fahrräder ersetzen werden.**
- **Innerhalb von 18 Monaten sind geeignete Dienstfahrräder zu beschaffen für den Regierenden Bürgermeister, die Bezirksbürgermeister und andere von Dienstwagenregelungen begünstigte Führungskräfte der Verwaltungen und kommunalen Betriebe.**
- **Das Land Berlin setzt sich dafür ein, dass die Mitarbeitenden des öffentlichen Dienstes und der landeseigenen Betriebe das freiwillige Tarifinstrument der Gehaltsumwandlung zur steuerlichen Behandlung von Dienstfahrrädern (analog der 1%-Regel für Dienstwagen) nutzen können.**

Strecken können oft schneller mit dem Rad zurückgelegt werden. Jede Wette, dass das bei einem Fünftel der Fahrten problemlos geht. Und ganz ehrlich: Nicht jedes Mal ist piekfein angesagt oder sind drei Aktenordner im Gepäck.

Tatsächlich steigert das Radfahren die Effizienz Ihrer Verwaltung. Und wer als städtischer Mitarbeiter per Dienstrad seinen Bürgern auf Augenhöhe begegnet, ist bürgernäher und lindert die Politikverdrossenheit. Denn vom Sattel aus bewertet man die Verkehrs-, Stadt- und Kiezprobleme anders als vom Rücksitz der Dienstlimousine mit Chauffeur: Allein dieser Perspektiv-Wechsel soll schon Wunder bewirkt haben.

ZAHLEN, DATEN, FAKTEN

Wussten Sie, dass die Bürgermeister von Paris, London oder Münster schon gute Rad-Vorbilder sind? Wussten Sie, dass Radfahrer ein Drittel weniger Krankheitstage als Autofahrer haben und 50% weniger Langzeiterkrankungen mit mehr als 30 Fehltagen pro Jahr aufweisen?[46] **Dass die Deutsche Bahn für ihre 2.000 obersten Führungskräfte kostenlos Diensträder bereitstellt und inzwischen 16.500 Mitarbeiter ein Firmenrad per Gehaltsumwandlung fahren, also jeder neunte Angestellte?**[47]

DAUMENREGEL

Seien Sie Vorbild, beschaffen Sie sich ein richtig schickes, cooles und praktisches Dienstfahrrad. Zeigen Sie sich mit diesem auf so vielen Terminen wie möglich. Und ersetzen Sie mindestens jeden fünften Pkw durch ein Dienstfahrrad.

Zum Weiterlesen: : § 38 MobG und § 20 RadG.

BASIC-STRATEGIE

UMSETZUNGSDAUER

FINANZBEDARF

S – Spezifisch

Ziele müssen einfach und verständlich, eindeutig, konkret beschrieben sein.

M – Messbar

Ziele müssen messbar sein, benennen Sie eindeutige Indikatoren.

A – Attraktiv

Ziele müssen vom Projektteam als reizvoll und erstrebenswert bewertet werden.

R – Realistisch

Ziele müssen sachlich erreichbar und bedeutsam sein.

T – Terminiert

Ziele müssen verbindlich sein, benennen Sie einen festen Zeitpunkt.

Radverkehr in den Städten und Gemeinden weiter entwickeln:

Mindestens die AGFK-MV-Städte und -Gemeinden haben einen der Einwohnerzahl angemessenen Radverkehrsplan bis 2021 erarbeitet oder beauftragt und bis 2030 lückenlose, zusammenhängende und sichere Netze aus Fahrradrouten für den Alltags- und Freizeitverkehr realisiert.[68]

MESSBAR

TERMINIERT

ATTRAKTIV

SPEZIFISCH & REALISTISCH

Strategie-Ziele: Smart Cities fängt bei den Zielen an, klar und überprüfbar

Ziele sind was Tolles. Sie helfen Ihnen, Wichtiges von Unwichtigem zu unterscheiden, bei Erreichung Erfolge zu feiern und Budgets und das dafür erforderliche Personal zu kalkulieren.

SMART sollen sie sein: Spezifisch, klar und nachvollziehbar, Messbar und Attraktiv, so dass Sie schon gefordert sind, aber dann so Realistisch und Terminiert, dass Sie diese Ziele auch erreichen können. SMARTe Zielformulierungen gehören zu den Standards in Unternehmen. SMARTe Ziele sind so etwas wie die Aufnahmeprüfung für Smart Cities.

Brechen Sie die Pariser 1,5-Grad-Klimaziele auf Ihre Radverkehrsanteile herunter, denn diese sind die Messlatte für Maßnahmen, Budgets und Ressourcen. Trauen Sie sich, klar und transparent zu werden.

DER BERLIN-STANDARD FORDERT

- **Das Land Berlin stellt mit seinen radverkehrspolitischen Maßnahmen sicher, dass der CO_2-Ausstoß im Personenverkehr um 40% bis 2020, um 60% bis 2030 und um 85% bis 2050 gegenüber 1990 gesenkt wird, um den globalen Temperaturanstieg gemäß dem Pariser Klimaabkommen zu begrenzen.**
- **In der Kernzone, der Umweltzone, soll der Radverkehrsanteil bis 2025 auf 30% und im Land auf 20% steigen; nach 2025 soll der Radverkehrswegeanteil jedes Jahr weiter um einen halben Prozentpunkt wachsen.**
- **Zweck dieses Gesetzes ist es, das Radfahren nachhaltig zu fördern, die Radinfrastruktur attraktiv sowie objektiv und subjektiv sicher zu machen und alle Voraussetzungen zu schaffen, dass mehr Menschen in Berlin auf das Rad umsteigen.**
- **Die Radverkehrsinfrastruktur soll für den bisherigen und weiteren Zuwachs sowie die Radverkehrsausbauziele ausreichend und vorausschauend dimensioniert werden.**
- **Für alle Verkehrsteilnehmenden sind ein gleichberechtigtes Miteinander im Verkehr sowie gleichwertige Mobilitätsmöglichkeiten im Land zu gewährleisten.**
- **Durch die Gestaltung der Verkehrsinfrastruktur soll die Aufenthaltsqualität des öffentlichen Raums und die Lebensqualität in der Stadt verbessert werden.**

Seien Sie ehrgeizig und realistisch zugleich, wenn Sie Ihre Ziele erarbeiten. Stehen Sie zu Ihren Zielen und verfolgen Sie diese. Messen Sie Ihre Politik und Verwaltung an Ihren Zielen und machen Sie jedem klar, dass Sie es ernst mit Ihren Zielen meinen. Sie werden sich wundern, wie viele Energien sich entwickeln und Sie wie von Geisterhand der Zielerreichung näher kommen.

ZAHLEN, DATEN, FAKTEN

Wussten Sie, dass in Kopenhagen im Sommer fast jeder zweite Weg mit dem Rad zurückgelegt wird? Kennen Sie unseren Verkehrswende-Rechner[48], mit dem Sie Ihre kommunale CO_2-Verkehrsbilanz und Verlagerungspotenziale mit wenigen Klicks berechnen können? Dass Kopenhagen als erste Hauptstadt weltweit bis 2025 klimaneutral sein will, also 25 Jahre eher als Berlin?

DAUMENREGEL

Einen Radverkehrsanteil von 25% bis 2025 kann jeder, ein halber Prozentpunkt pro Jahr ist Pflicht. Alles drunter heißt, bewusst gegen die Pariser Klimaziele zu verstoßen.

Zum Weiterlesen: : § 3 Berliner Energiewendegesetz, §§ 1,4, 8, 10, 11, 36 MobG und § 1 RadG

MUST-DO-STRATEGIE

UMSETZUNGSDAUER

FINANZBEDARF

SEPTEMBER 2018: MAHNWACHE IN BERLIN-PRENZLAUER BERG
FÜR EINEN GETÖTETEN RADFAHRER MIT LKW- UND
STRASSENBAHNSCHIENENBETEILIGUNG – UND ALS SIGNAL AN DIE POLITIK.

Vision Zero: Lernen und Nachbessern als striktes Pflichtprogramm

Es wird grün, zwei fahren los, einer stirbt, getötet von einem Lkw-Fahrer unter Zeitdruck an einer unübersichtlichen, schlechte geplanten und für ihn riskanten Kreuzung. Wundert es, wenn Sekundenbruchteile über Leben und Tod entscheiden?

Vision Zero, die Vision für null Tote im Straßenverkehr, kann Unfälle durch eine fehlervermeidende Straßeninfrastruktur vermeiden helfen: Sie ist das beherzte Anpacken an vielen Stellschrauben, wissend, dass Fehler passieren. Vision Zero ist eine Reise, eine Haltung der Vorsicht, der Verantwortung und des laufenden Verbesserns hin zu einer fehlervermeidenden Infrastruktur[49]. Treiben Sie diesen Lernprozess voran!

DER BERLIN-STANDARD FORDERT

- **Qualitäts- und Handlungsziele sind für die Vision Zero und die Verkehrssicherheit zu konkretisieren.**
- **Ein Vision Zero-Verkehrssicherheitsprogramm mit organisatorischen, ordnungsrechtlichen und infrastrukturellen Maßnahmen ist zu erarbeiten: Die Verwaltung setzt bauliche Standards, schult, informiert und klärt auf und benennt Verantwortlichkeiten.**
- **Der Senat stellt sicher, dass die Vision Zero-Ziele und die bekannten Vision Zero-Standards und Erkenntnisse aus objektiven Analysen und subjektivem Sicherheitsempfinden in alle Planungen, Standards und Maßnahmen mit Einfluss auf die Entwicklung der Verkehrssicherheit integriert werden.**
- **Die Verwaltung verpflichtet sich, innerhalb von vier Wochen nach schweren Unfällen die Verkehrsinfrastruktur und die dafür geltenden Grundsätze zu überprüfen und ggf. zu verbessern**
- **Alle zwei Jahre ist das Vision Zero-Verkehrssicherheitsprogramm zu überprüfen und fortzuschreiben.**

Unfälle sind der Ort, an denen Lernen für Vision Zero zu organisieren ist.

Vision Zero heißt Risikokulturen in Sicherheitskulturen[50] zu verwandeln und vor allem gesunder Menschenverstand: Infrastrukturelle Mitursachen müssen Schritt für Schritt beseitigt werden. Wird viel Platz oder hohes Tempo eingeräumt, wird schnell gefahren. Werden Spuren geteilt, enger gemacht, mit Barrieren zwischen Kfz-, Rad- und Fußverkehr und guten Sichtbeziehungen versehen, sinken die Geschwindigkeiten, steigen die Kapazitäten und die Sicherheit.

Kurzfristige, in Jahresetappen formulierte konkrete und machbare Ziele, SMARTe Ziele, helfen, die eigenen Vision Zero-Aktivitäten zu priorisieren und Lernen zu ermöglichen.

ZAHLEN, DATEN, FAKTEN

Schweden verfolgt seit 1997, seit gut 20 Jahren, systematisch die Vision Zero: Dort sterben – bezogen auf die Gesamtbevölkerung – 30% weniger Menschen im Verkehr als in Deutschland. Wussten Sie, dass sich Vision Zero-Länder konkrete jahresbezogene Ziele geben, wie viele Verkehrstote maximal zu tolerieren sind?

DAUMENREGEL

Stufen Sie die Geschwindigkeiten systematisch um 20 km/h herunter und reduzieren dadurch drastisch Unfälle und Wirkungen.

Zum Weiterlesen: : §§ 10, 11, 16, 17 MobG und §§ 8, 18 RadG

MUST-DO-STRATEGIE

UMSETZUNGSDAUER

FINANZBEDARF

EINE GUTE NEBENSTRASSE IN DEN NIEDERLANDEN: DEUTLICHE RADSTREIFEN, VERENGTE STRASSE, BAULICHE GESCHWINDIGKEITSBARRIEREN.

Nebenstraßen: Mit Kiez- und Lebensqualität

„Wer am Verkehr teilnimmt, hat sich so zu verhalten, dass kein Anderer geschädigt, gefährdet oder mehr, als nach den Umständen unvermeidbar, behindert oder belästigt wird", so sagt es § 1 der Straßenverkehrsordnung.

Müssen sich alte Leute frei zu Fuß oder mit dem Rad auf Nebenstraßen bewegen dürfen? Und muss hier das Primat des Autoverkehrs, der schon auf den Hauptstraßen Vorrechte genießt, eingeschränkt werden? Ein Recht auf ruhige Anwohnerstraßen? Ich meine Ja.

Ganz klar gehören dazu Tempo 30, eher sogar Tempo 20, gut einsehbare Kreuzungen, niedrige Abbiegegeschwindigkeiten sowie verkehrsberuhigte Zonen, Fahrrad- und Spielstraßen. Nicht nur für Kinder, die ab zehn Jahren nicht mehr auf dem Gehweg fahren dürfen, auch für Seniorinnen gelten die gleichen Standards: Keine Angst mit dem Rad auf der Straße haben zu müssen und gemütlich bis unaufmerksam auf diesen Nebenstraßen unterwegs sein zu können. Diese Straßen sind für Menschen und ein gefahrloses Miteinander in der Nutzung gedacht.

Sorgen Sie dort für Lebensqualität, wo Ihre Wählerinnen wohnen – überwiegend in den Nebenstraßen.

DER BERLIN-STANDARD FORDERT

- **Der Pkw- und Lkw-Verkehr in den Wohn- und Nebenstraßen soll reduziert werden.**
- **Beim Neu- oder Umbau von Straßen ist zu prüfen, ob diese auch zum Spielen, zur Begegnung und zum Verweilen taugen – und dann sollte dafür auch etwas getan werden.**
- **Die Wohn- und Nebenstraßenbereiche sollen so umgestaltet werden, dass Pkw- und Lkw-Durchgangsverkehre durch Einbahnstraßen, Poller-Lösungen oder sonstige Sackgassen-Maßnahmen unterbunden werden.**
- **Die Nebenstraßen sind optisch und baulich so zu gestalten, dass die zulässigen Höchstgeschwindigkeiten eingehalten werden.**
- **Die Nebenstraßen-Kreuzungen sind so zu gestalten, dass alle Verkehrsteilnehmer gute Sichtbeziehungen haben, und dass sicherheitsverträgliche Geschwindigkeiten erzwungen werden.**
- **Nebenstraßen im Radverkehrsnetz sind für alle gut erkennbar als Teil des Radverkehrsnetzes zu kennzeichnen.**

Auto-Schleichwege, Abkürzungen und zu Hauptstraßen umfunktionierte Nebenstraßen müssen der Vergangenheit angehören, denn hier ist **Low-Speed-Country: Sie sollten das Radfahren auf Nebenstraßen so sicher machen, dass Kinder, Seniorinnen oder ängstliche Radfahrerinnen hier unbesorgt die kurzen Wege schnell mit dem Rad erledigen.** Die Sorge vor Rasern in den Nebenstraßen dürfte es nach getaner Arbeit nicht mehr geben, weder im Dorf noch in der Stadt: In verkehrsberuhigten Zonen sollten Sie blind auf dem Boden liegen können.

ZAHLEN, DATEN, FAKTEN

Der Löwenanteil der Straßen sind Nebenstraßen, in Berlin fast 4.000 Kilometer, also dreiviertel des Straßennetzes. Wenn Kinder morgens auf das Rad steigen anstatt mit dem Auto gefahren zu werden, sind sie nicht nur fitter, sondern auch konzentrierter. Zudem fördert Radfahren den sozialen Umgang mit anderen, der Aufenthalt auf dem Rücksitz nicht.

DAUMENREGEL

Setzen Sie sich mit einer Warnweste für eine Viertelstunde auf eine zu prüfende Nebenstraße. Wenn Sie sich das trauen, taugt die Nebenstraße für Kinder. Falls Sie Angst haben, zähmen Sie den Kfz-Verkehr.

Zum Weiterlesen: : § 5 sowie §44 MobG

MUST-DO-STRATEGIE

UMSETZUNGSDAUER

FINANZBEDARF

GUTE FAHRRADSTÄNDER ERMÖGLICHEN
MINDESTENS DAS SICHERE ANSCHLIESSEN DES RAHMENS.

Fahrrad-Diebstahl: Den Langfingern auf die Schliche kommen

Alle haben davon gehört und viel zu viele haben es erlebt: Das gute Rad, mit dem der eine oder die andere eine persönliche Beziehung hat, ist weg, geklaut, als wenn einem der Boden unter den Füßen entzogen wird.

Sie haben nun Menschen für das Radfahren begeistert und dann wird das Rad geklaut? Dann kann es mitunter ganz schön lange bis zum zweiten Versuch dauern.

Stellen Sie vor allem eine ausreichend große Menge an Polizeikräften ein, die dem Fahrraddiebstahl auf die Spur geht. Einige Städte haben hier bis zu zehnmal höhere Aufklärungsquoten als Berlin: Jedes dritte geklaute Rad findet sich wieder.

DER BERLIN-STANDARD FORDERT

- **Die Polizei von Berlin richtet spätestens zwölf Monate nach Inkrafttreten dieses Gesetzes eine Ermittlungsgruppe Fahrraddiebstahl ein.**
- **Die Ermittlungsgruppe wertet Raddiebstähle zentral aus, verfolgt die Vorgänge und wirkt auf die Prävention hin.**
- **Die Aufklärungsquote ist jährlich im Internet zu veröffentlichen.**
- **Der Senat und die Bezirke sollen das Aufstellen von diebstahlsicheren Abstellmöglichkeiten, wie Fahrradboxen im öffentlichen Raum, insbesondere in Wohngebieten ermöglichen.**

Autodiebstahl ist schnell mal ein BKA-Thema, Fahrraddiebstahl nie. Mitunter ist Fahrraddiebstahl Teil der organisierten Kriminalität. Dem Diebstahl von Fahrrädern muss deshalb eine ähnlich hohe Aufmerksamkeit zukommen wie dem Diebstahl von Autos. Eine höhere Aufklärungsquote und eine schnellere Bestrafung von Fahrraddiebstählen hat eine präventive Wirkung. Die Einrichtung einer solchen Ermittlungsgruppe zeigt einmal mehr, dass Sie es umfassend ernst mit der Radverkehrsförderung meinen.

ZAHLEN, DATEN, FAKTEN

Wussten Sie, dass in Berlin Fahrräder im Neuwert von 20 Mio. Euro geklaut werden, aber die Polizei eher prioritätslos zuschaut? Dass pro Jahr 26.500 Fahrräder, aber nur 4.600 Autos geklaut werden, mehr als manche Kleinstadt Einwohner hat? Wussten Sie, dass Berlin eine Aufklärungsquote von 4% hat, aber Fürth in Bayern auf 30% kommt?[51]

DAUMENREGEL

Pro 5.000 geklaute Räder sollte sich bei Ihnen mindestens eine Polizeikraft voll und ganz auf die Reduktion der Diebstahlquote und die Maximierung der Aufklärungsquote konzentrieren.

Zum Weiterlesen: : § 47 MobG und §§ 11, 13 RadG

MUST-DO-STRATEGIE

UMSETZUNGSDAUER

FINANZBEDARF

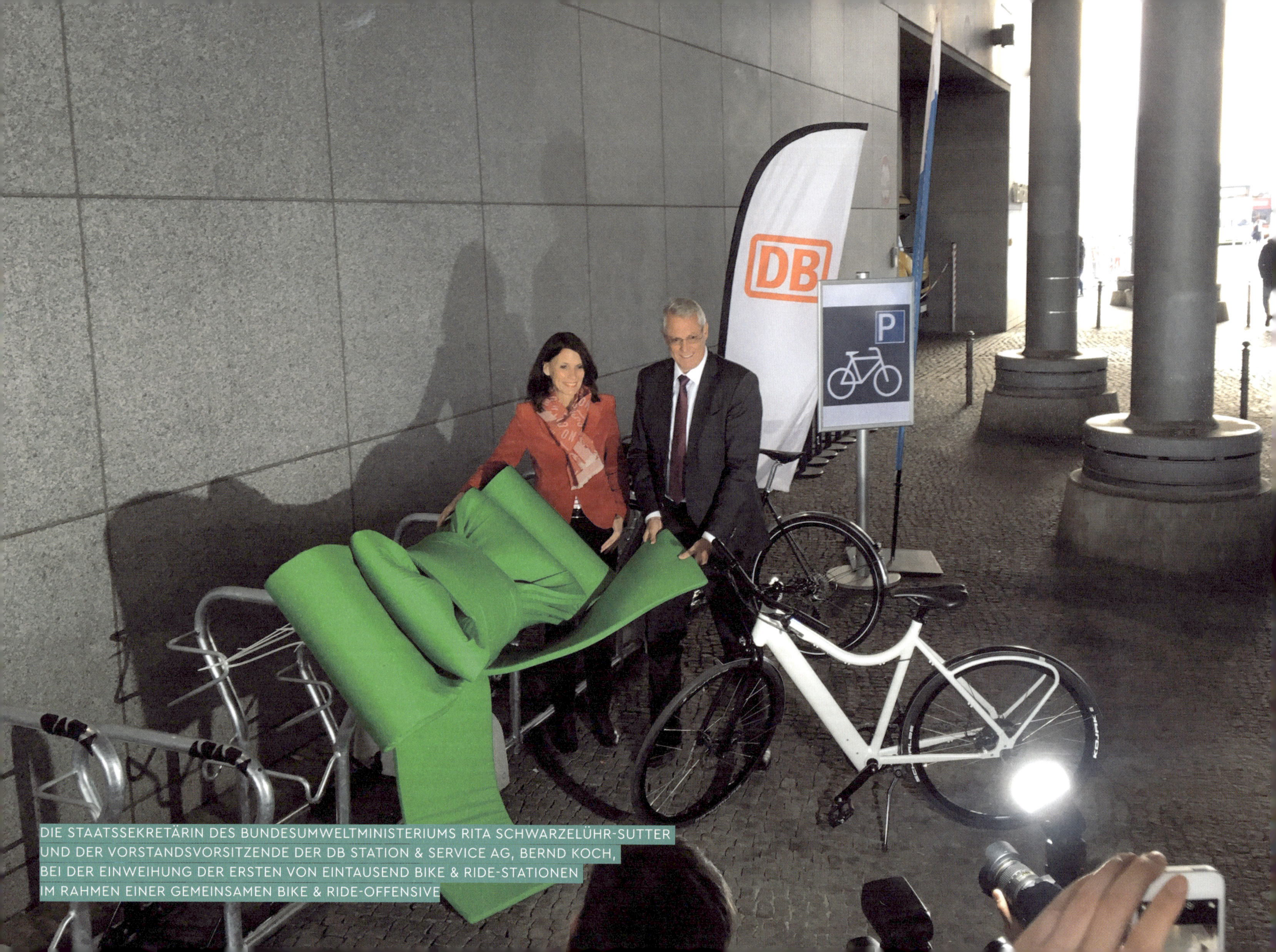

DIE STAATSSEKRETÄRIN DES BUNDESUMWELTMINISTERIUMS RITA SCHWARZELÜHR-SUTTER
UND DER VORSTANDSVORSITZENDE DER DB STATION & SERVICE AG, BERND KOCH,
BEI DER EINWEIHUNG DER ERSTEN VON EINTAUSEND BIKE & RIDE-STATIONEN
IM RAHMEN EINER GEMEINSAMEN BIKE & RIDE-OFFENSIVE

Berichte: Gutes tun und darüber sprechen

Zeigen Sie Erfolge. Durchschneiden Sie rote Schleifen, wenn neue Radwege einzuweihen sind. Lassen Sie Radfahrerinnen spüren, dass Ihnen eine gute Radinfrastruktur genauso wichtig wie früher die Einweihung von Autobahnen, Parkhäusern oder Umgehungsstraßen war.

„What you can´t measure, you can´t manage" – das wissen schon die Manager in den Konzernen. Befragen Sie Radfahrerinnen, messen Sie die Nutzung, erstellen Sie Ihre Kennzahlen und setzen Sie sich Ihre erreichbaren SMARTen Ziele – dann macht Radverkehrspolitik Spaß und Sie kommen voran. Berichten Sie von Ihren Erfolgen und Ihren Lernerfahrungen getreu dem Motto „**Tue Gutes und rede darüber.**"

DER BERLIN-STANDARD FORDERT

- **An mindestens 40 Stellen, die für den Radverkehr von Bedeutung sind, werden die Radverkehrsbewegungen in Echtzeit gemessen und tagesaktuell im Internet veröffentlicht.**
- **Im Internet wird über aktuelle und abgeschlossene Baumaßnahmen im Sinne dieses Gesetzes berichtet.**
- **Jährlich werden die Verkehrsdaten des Radverkehrs sowie zu Unfällen und zur Verkehrssicherheit erhoben und bis spätestens 31. März des Folgejahres veröffentlicht.**
- **Jährlich wird über die Entwicklung des Radverkehrs, die Zielerreichung und die Umsetzung der Maßnahmen zur Förderung des Radverkehrs berichtet.**
- **Alle zwei Jahre wird ein Evaluationsbericht inkl. Befragungen der Radfahrerinnen über die Qualitätserreichung und Nutzbarkeit der Radverkehrsinfrastruktur und Informationen über die Umsetzung vorrangiger Maßnahmen veröffentlicht.**
- **Alle vier Jahre wird ein umfassender Evaluationsbericht über die Wirksamkeit, die Zielerreichung und den Anpassungsbedarf des Mobilitätsgesetzes erarbeitet und veröffentlicht.**
- **Alle Berichte sind sofort im Internet zu veröffentlichen.**

Radverkehrspolitik wurde bislang oft sehr verbal-plattitüdenhaft diskutiert: Berlin hat sich nun viele Ziele im Gesetz gesetzt und verpflichtet sich per scharfem Transparenz- und Berichtsraster, diese zu erreichen. Machen Sie das auch und setzen Sie sich SMARTe Ziele.

ZAHLEN, DATEN, FAKTEN

Wussten Sie, dass Städte wie Kopenhagen[52] oder Wien[53] seit Jahren hervorragende Rechenschaftsberichte liefern? Dass in Kopenhagen alle zwei Jahre mit dem Bicycle Account ein extrem detaillierter Rechenschaftsbericht veröffentlicht wird? Dass der ADFC-Klimatest für den Radverkehr alle zwei Jahre den Fortschritt für jede Stadt bewertet? Dass fehlende Transparenz doppelt und dreifach Bürgeranfragen beschert?

DAUMENREGEL

Werden Sie transparent und lassen sich feiern oder nutzen Sie Kritik als Ansporn zu Verbesserungen. Wenn es einen neuen, gesetzeskonformen Radweg einzuweihen gibt, rücken Sie mit roter Schleife, Schere und einer Kiste Schampus an, denn das ist ein Grund zum Feiern: Pro Monat sollten Sie einen solchen Termin hinbekommen können!

Zum Weiterlesen: : §§ 16, 22, 37, 48 MobG und § 21 RadG

MUST-DO-STRATEGIE

UMSETZUNGSDAUER

FINANZBEDARF

MASSE MACHT`S: DOPPELSTOCKPARKER ERMÖGLICHEN MAXIMAL VIELE FAHRRADSTÄNDER AUF ENGSTEM RAUM – EIN STANDARD AN NIEDERLÄNDISCHEN BAHNHÖFEN.

Radparkplätze am Bahnhof: Fahrrad, Bus und Bahn mit Bike+Ride verknüpfen

Wenn Sie Autofahrer für den Umstieg auf die Kombination Fahrrad und ÖPNV gewinnen wollen, brauchen sie genügend Bike+Ride-Plätze (B+R): außerhalb der Stadt und im Zentrum an den Bahnhöfen und ÖPNV-Haltestellen.

Denn das Fahrrad ist gut für die erste und letzte Meile, Bus und Bahn sind schneller und bequem für die lange Strecke zwischendrin: **B+R ist die unschlagbare Alternative zum Stau und Stress im Pkw.** In der S-Bahn oder dem Regional-Express sitzen, lesen, chillen und entspannt die letzten Meter in der Stadt fix mit dem Rad fahren.

Gerade ab Entfernungen über 10–12 km wird diese Kombination die wichtigste Strategie. Allerdings braucht es für den Umstieg genügend und sichere B+R-Plätze, denn Ihr Fahrrad soll ja noch da sein, wenn Sie nach der Zugfahrt mit ihm nach Hause oder ins Büro fahren wollen.

DER BERLIN-STANDARD FORDERT

- **50.000 Radparkplätze sollen an den Stationen und Haltestellen des Bus-, Tram-, S-Bahn- und Bahnverkehrs bis zum Jahr 2025 eingerichtet werden.**
- **80% dieser Abstellmöglichkeiten sollen innerhalb von 100 Metern im Umkreis der Ein- und Ausgänge dieser Haltestellen liegen.**
- **Aufgegebene, zerstörte oder offensichtlich nicht mehr zum Fahren geeignete Fahrräder, die Waisen- und Schrott-Räder, sollen regelmäßig entfernt werden.**
- **Der Bedarf an Fahrradabstellanlagen wird regelmäßig überprüft und das Angebot entsprechend dem erwarteten zukünftigen Bedarf ausgebaut.**
- **An aufkommensstarken Regionalbahnhöfen, ÖPNV-Stationen und Haltestellen sollen innerhalb von fünf Jahren Fahrradparkhäuser und -stationen gebaut werden.**

Fahrradstationen und -parkhäuser bieten oft Reparatur und Vermietung an. In ihnen lässt sich das eigene Fahrrad trocken und diebstahlsicher abstellen; die Preise liegen dafür bei durchschnittlich 10 Euro im Monat.

Einfache Bügel-Plätze kosten 150 Euro, Doppelstockplätze bis zu 400 Euro und bei Sammelschließplätzen, Radstationen und Radparkhäusern geht es ab 1.200 Euro aufwärts los.

ZAHLEN, DATEN, FAKTEN

In Utrecht wird das weltweit größte Fahrradparkhaus mit 17.000 B+R-Plätzen gebaut, rund um den Amsterdamer Bahnhof stehen mehr als 5.000 Fahrräder. Wussten Sie, dass die Deutsche Bahn mit ihrer ‚Bike+Ride-Offensive[54] jeden Tag eine neue B+R-Anlage bundesweit eröffnen will? Dass es Deutschlandweit 400.000 B+R-Plätze gibt und in vier Jahren 100.000 dazu kommen sollen? Dass die 450.000 B+R-Plätze in den Niederlanden über die Einwohnerzahl auf Deutschland umgerechnet rund zwei Mio. B+R-Plätzen entspricht?

DAUMENREGEL

Sie wollen wissen, wie viel B+R-Plätze Sie brauchen? Pro 1.000 Einwohner sind es mindestens 15 Plätze. Oder zählen Sie doch einfach nach und bauen für jeden Wildparker zwei Plätze neu dazu.

Zum Weiterlesen: : § 47 MobG und § 11 RadG

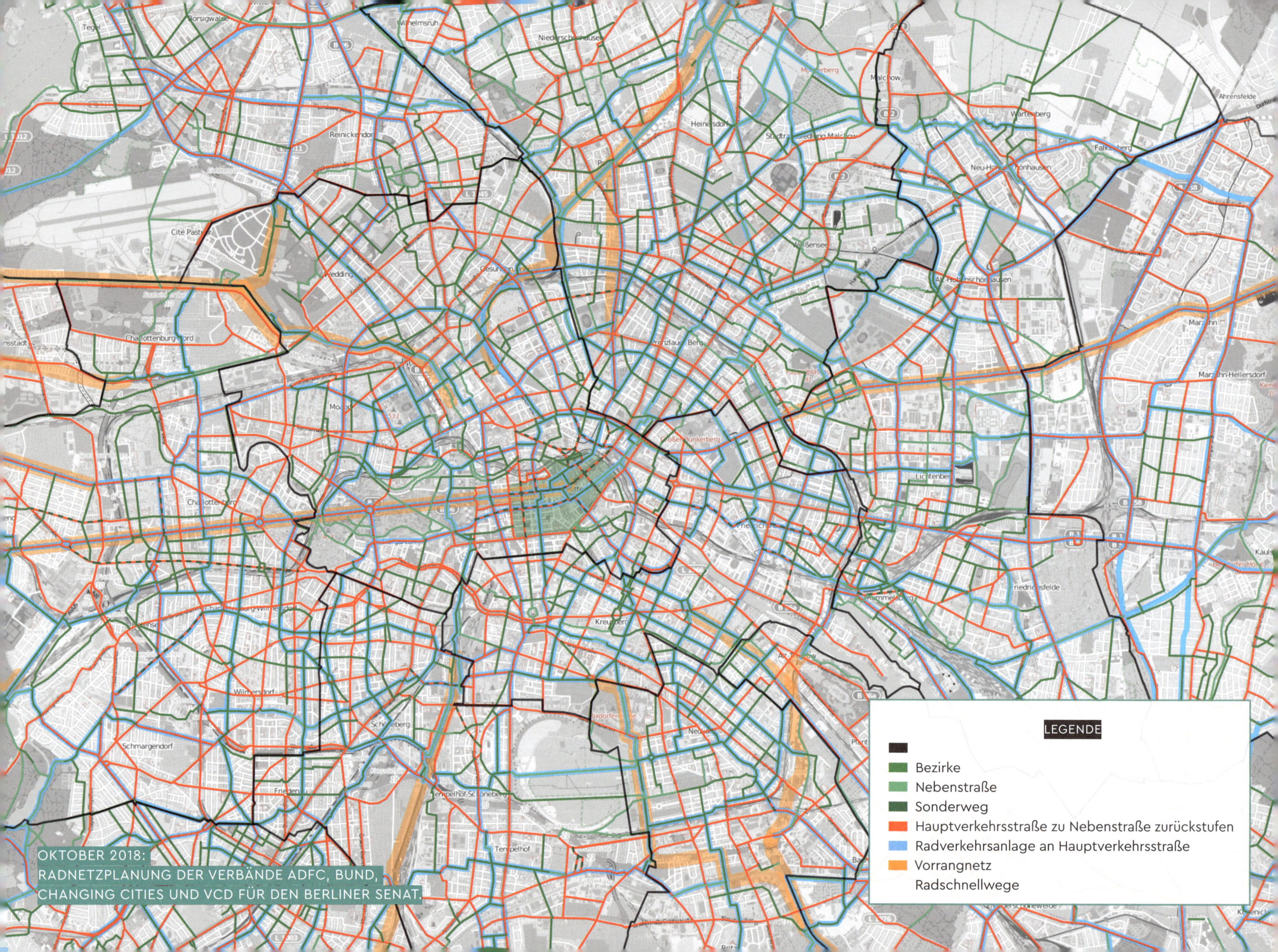

OKTOBER 2018:
RADNETZPLANUNG DER VERBÄNDE ADFC, BUND,
CHANGING CITIES UND VCD FÜR DEN BERLINER SENAT.

Netzplanung: Ein Radnetz planen und schaffen

Jeder weiß, wie eine Autobahn aussieht. Jedes Kind kann einen Tunnel oder eine McDonalds-Bude malen. Aber Radwege – das sieht heutzutage in Deutschland noch immer wie eine Mischung aus Hindernisparcour, Mountainbike-Trail oder Infrastruktur-Museum aus. Testen Sie es einfach mit Kindern Ihrer Wahl.

Ändern Sie das, definieren Sie Ihre Vision von Radverkehr, planen Sie Ihr Netz und listen Sie straßenscharf Ihre Maßnahmen auf. Überzeugen Sie Ihre Autofahrerinnen mit den immer gleichen Top-Standards für Sicherheitsgefühl, Hochwertigkeit und Attraktivität fürs Radfahren – so wie sie es vom Autofahren gewöhnt sind. Deutschland ist das Land der Ingenieure, das sollten wir auch endlich beim Bau von Radwegen beweisen, denn so lösen sich Stau und Fahrverbote in Luft auf.

DER BERLIN-STANDARD FORDERT

- **Das Radverkehrsnetz und dessen wiedererkennbare Beschilderung soll bis zum Jahr 2030 vollständig hergestellt sein.**
- **Das Radverkehrsnetz wird durch einen Netzplan beschrieben; dieser ist binnen eines Jahres nach Inkrafttreten des Gesetzes zu erarbeiten.**
- **Im Sinne vorausschauender Planung sind bei der Dimensionierung und den verkehrsrechtlichen Anordnungen gewünschte steigende Radverkehrsanteile und die Netzwirkung zu berücksichtigen.**
- **Das Radverkehrsnetz besteht aus allen Radverkehrsanlagen und für den Radverkehr ausgewiesenen Straßen und Wegen inkl. Radrouten, Radfernwegen und Anschlüssen ins Umland: Es soll schnelle, bequeme und sichere Verbindungen bieten.**
- **Von 90 % der Wohnungen ist das Radverkehrsnetz in höchstens 300 Metern erreichbar.**
- **Standards und Ausnahmen für das Radverkehrsnetz und ein Vorrangnetz für den Radverkehr mit den wichtigsten Verbindungen sind zu definieren. Dem Radverkehr wird hier Vorrang vor dem Pkw eingeräumt, die Ampelanlagen werden auf grüne Welle für den Radverkehr programmiert.**
- **Der Senat stimmt über einen Zweijahresmaßnahmenplan für das Vorrangnetz inklusive anderer Top-Maßnahmen ab, der Projekte mit prioritärem Umsetzungsbedarf und wichtige Verbindungen ohne Radwege oder Alternativ-Routen enthält.**

Hören Sie auf mit Stückwerk, trauen Sie sich an den großen Wurf. Kalkulieren Sie dafür die erforderlichen Budgets und veröffentlichen Sie diese. Trauen Sie sich beherzt, den millionenschweren Straßenbauten Ihre Planung für Ihr Radverkehrsnetz mit solide aufgelisteten Maßnahmen entgegen zu setzen. Nehmen Sie sich ein ambitioniertes Maßnahmenpaket vor, Ihre sonst (leider oft zu Recht) nölende Radler-Lobby wird es Ihnen danken.

Oder kooperieren Sie mit der Radler-Lobby. Changing Cities, ADFC Berlin, VCD Nordost und BUND haben in ehrenamtlicher Arbeit dem Senat eine Entwurfsplanung vorgelegt für ein Radnetz, das vorhandene Planungen integriert – dieses Geschenk der Bürgerinnen und Bürger gilt es jetzt nur noch umzusetzen.[55/56/57]

ZAHLEN, DATEN, FAKTEN

Berlin verpflichtet sich, 4.000 Kilometer Radverkehrsanlagen bis 2030 gebaut, ertüchtigt oder saniert zu haben. Das sind an 1.600 Kilometer Hauptstraßen je zwei Radwege (= 3.200 km), 100 Kilometer Radschnellwege und an die 700 Kilometer Fahrradstraßen, geöffnete Einbahnstraßen oder radverkehrstaugliche Nebenstraßen.

DAUMENREGEL

Machen Sie mindestens die Hälfte der Straßenkilometer Ihrer Stadt gemäß Berlin-Standard innerhalb von zehn Jahren fahrradtauglich: Das ist dann Ihr erster Wurf für ein Radverkehrsnetz!

Zum Weiterlesen: : §§ 41, 42, 43, 44, 48 MobG und § 3 RadG.

SYSTEM-UND-NETZ-STRATEGIE

UMSETZUNGSDAUER

FINANZBEDARF

RADSCHNELLWEG ENTLANG DER S-BAHN BERLIN-MITTE –
OHNE AUTOLÄRM, BESTER BELAG UND EINE ECHTE ABKÜRZUNG DURCH DIE STADT.

Radschnellwege: Für Pendler lange Wege schneller machen

Verkehrsprobleme in der Stadt sind vor allem außerhalb zu lösen, z.B. in den Speckgürteln, den Garten- und Villenvierteln: Verführen Sie diese Penderlerinnen mit guten Radschnellwegen zum Radfahren, geht die Fahrt mit dem Rad oft genauso schnell wie mit dem Auto im Stau. Da, wo morgens die großen Blech-Karawanen unterwegs sind, da brauchen Sie Radschnellwege und -verbindungen.

Radschnellwege müssen „schnell" sein: Wenig Unterbrechungen, Vorfahrt vor kreuzenden Verkehren, keine Autos und Fußgänger. Alles, was zum Anhalten oder Ausweichen zwingt, sollte baulich ausgemerzt werden, alles, was beschleunigt, ist erwünscht. Radschnellwege oder auch Radschnellverbindungen, wenn es mehr um Innenstadtlagen geht, machen das Radfahren auf lange Distanzen attraktiv, denn jedes Auto, das draußen bleibt, löst Ihre Verkehrsprobleme in der Stadt.

DER BERLIN-STANDARD FORDERT

- **Bis 2030 sollen mindestens 100 Kilometer Radschnellverbindungen errichtet werden, jeweils mit einer Mindestlänge von 5 Kilometern, ggf. auch in mehreren Bauabschnitten.**
- **Die Mindestbreite soll 2 Meter pro Richtung betragen; der Verkehr in beide Richtungen soll durch eine Mittelmarkierung getrennt werden: Ein durchgängiges und jederzeit sicheres Befahren mit einer Reisegeschwindigkeit von mindestens 20 km/h ist zu ermöglichen.**
- **Radschnellwege sollen steigungsarm geradlinig ausgeführt werden; sie sollen eine nutzungsgesteuerte Beleuchtung mit leicht befahrbarem Belag auf einem stabilen Unterbau, der vor Deckenaufbrüchen schützt, erhalten.**
- **Radschnellwege sind kraftfahrzeug- und fußgängerfrei und sollen als eigenständige Sonderwege mit planfreien Knotenpunkten gestaltet werden; notfalls bekommen Radschnellwege Vorfahrt an Kreuzungen oder werden als Kreisverkehre geführt.**
- **Die einzelnen Radschnellwege sollen durch farbige Codierung oder Teer, Beschilderung und/ oder Namen klar wiedererkennbar sein.**
- **Wege und Querungen für Fußgänger sind mitzudenken und ggf. zu ermöglichen.**

Was bewirken gute Radschnellwege? Ihr Lohn ist weniger Stau auf den Einfallstraßen und viele gesunde und glückliche Radfahrerinnen. Denn Ihre „Radverkehrskundinnen" wissen: Hier bin ich erwünscht, hier wird alles für mich gemacht, hier ist Wohlfühlen bei besten Bedingungen angesagt. Auf Bundesebene gibt es bereits Bestrebungen zur Entwicklung von Standards für Farbe, Gestaltung und Förderfähigkeit. Der Maßstab? Autobahnen. Sie sind perfekt auf die Belange von Pkw- und Lkw-Verkehr optimiert.

ZAHLEN, DATEN, FAKTEN

Durch den Radschnellweg RS1 im Ruhrgebiet sollen 50.000 Pkw-Pendler auf das Rad umsteigen[58]. Holland hat 28 Radschnellwege, London hat gerade sechs von zwölf eröffnet, Baden-Württemberg will zehn bauen. Zwischen 200.000–500.000 Euro kostet Sie der Kilometer. Fast alle Bundesländer planen Radschnellwege, um mit den steigenden Pendlerzahlen zurechtzukommen.

DAUMENREGEL

Bauen Sie Radschnellwege parallel zu Korridoren, wo Sie heute schon immer mit Stau beim Autoverkehr zu kämpfen haben. Das freut alle und hilft, Verkehrsprobleme zu lösen. Wenn diese Korridore Autobahnen oder Bundesstraßen sind, finanziert der Bund sogar mit.

Zum Weiterlesen: : § 45 MobG und § 6 RadG.

SYSTEM-UND-NETZ-STRATEGIE

UMSETZUNGSDAUER

FINANZBEDARF

Grüne Welle: Den Radverkehr beschleunigen

Jede kennt sie, die typische rote Welle für Radfahrerinnen: An jeder Ampel rot, damit die Autofahrer sich über ihre grüne Welle bei 50 km/h freuen. Wollen Sie Radfahrerinnen fix von A nach B kommen lassen, sollten Sie auch ihnen eine grüne Welle gönnen.

Je weniger Radfahrerinnen stoppen müssen, umso höher ist die Durchschnittsgeschwindigkeit und umso größer wird die Reichweite für den Radverkehr. **Wiederanfahren an der Ampel heißt für Radfahrerinnen schwitzen, für Autofahrer nur mal kurz den Fuß durchzudrücken.**

Grüne Wellen für Radfahrerinnen stehen für Wohlfühlen und Willkommenskultur. Grüne Wellen senken die Rotlicht-Verstöße, denn die Radfahrerinnen fühlen sich nicht mehr diskriminiert. Mit grünen Wellen zeigen Sie, dass Sie es ernst mit der Radverkehrsförderung meinen.

DER BERLIN-STANDARD FORDERT

- **Im Vorrangnetz Radverkehr sollen im Rahmen des geltenden Rechts die Ampeln für einen fließenden Radverkehr koordiniert werden.**
- **Innerhalb von drei Jahren sollen auf mindestens 50 Straßenzügen von Hauptstraßen grüne Wellen für den Radverkehr eingerichtet werden.**
- **Bei neuen Ampeln oder Änderungen muss die Einrichtung einer grünen Welle für den Radverkehr geprüft werden.**
- **Grüne Wellen sollen, z.B. durch Piktogramme angezeigt werden.**

Gönnen Sie Radfahrerinnen grüne Wellen und den Bus-Kunden Vorrangschaltungen. Begrenzen Sie die Räumgeschwindigkeit für den Fußverkehr auf 1,0 m/s und halten Sie die Umlaufzeiten für Rad- und Fußverkehr gering. Sonst macht sich der Umweltverbund das Leben untereinander schwer.

Bei grünen und roten Wellen ist der Punkt, an dem Sie Farbe bekennen müssen. Keiner kann mehr grüne Welle bekommen, ohne dass der andere mehr rote Welle erhält. Wenn Sie es den Autofahrern recht machen, machen Sie es den Radfahrerinnen schlecht – und andersherum. Teilweise lassen sich mit Simulationen langsame und schnelle grüne Wellen überlagern, eine schöne Hausaufgabe für die Smart-City-Experten.

Informieren Sie Radfahrerinnen über das ideale Grüne-Welle-Tempo, denn manchmal gibt es per Zufall schon grüne Wellen für Radfahrerinnen.

ZAHLEN, DATEN, FAKTEN

In Berlin gibt es zurzeit nur eine Handvoll grüne Wellen für Radfahrerinnen, dafür aber viele rote Wellen, selbst auf dem Radfernweg Berlin-Leipzig. Vom Brandenburger Tor zum Alex mit dem Rad – immer alles auf Rot. Den Ku´damm gibt es als grüne Welle für adrenalinsüchtige Sportive, allerdings nur bei 30 km/h und für Mutige ohne Angst vor Bussen, illegalen Spurnutzern und sich durchzwängenden Taxen. Wussten Sie, dass z.B. die niederländische Stadt s'Hertogenbosch Kontaktschleifen in die Radwege implementiert und so Vorrangschaltungen für den Radverkehr eingerichtet hat?[59]

DAUMENREGEL

Optimieren Sie Ihre Ampeln über drei Kreuzungen hinaus auf 20 km/h – dann erwischen Sie 80% der Radfahrerinnen und erzeugen das Wohlfühl-Gefühl zum entspannten Radfahren. Und sorgen Sie bei jeder x-ten Ampelreparatur dafür, dass ganz nebenbei die grüne Welle für den Radverkehr eingeführt wird (das x dürfen Sie jetzt selber festlegen).

Zum Weiterlesen: : § 42 MobG und § 9 RadG.

SYSTEM-UND-NETZ-STRATEGIE

UMSETZUNGSDAUER

FINANZBEDARF

AUTOFREIE STRASSE IN DER INNENSTADT
BELEBT GASTRONOMIE UND HANDEL (NIEDERLANDE).

Die Kür: Regelungen, die jede Stadt auch noch brauchen kann

Nach der Pflicht nun die Kür – so kann man einige der folgenden Standards beschreiben. Es sind „en-passant"-Maßnahmen des Mobilitätsgesetzes, an die beim Radgesetz noch keiner gedacht hat und die man einzig und alleine den Parteien und dem Verhandlungsprozess zuschreiben kann.

Sie ersetzen allerdings nicht den Pflichtteil. Werden sie umgesetzt, erkennt man nicht nur den ernsten Willen, das Rad in den Mittelpunkt zu stellen, sondern auch den Willen, aus autogerechten Städten ein Stück weit mehr lebenswertere Städte umzugestalten.

DER BERLIN-STANDARD FORDERT

- **Bei der weiteren Stadtentwicklung wird auf autofreie Quartiere hingewirkt; bei Aus- und Neubau von Quartieren ist die vorrangige Erschließung durch den Umweltverbund vorzusehen.**
- **Zur Verkehrsberuhigung sollen vermehrt bestimmte Verkehrsarten durch Teileinziehungen ausgeschlossen werden.**
- **Das Land stellt einen stadtverträglichen Wirtschaftsverkehr sicher und reduziert die Beeinträchtigungen durch logistische, fahrzeugseitige, regulatorische und verkehrsorganisatorische Maßnahmen.**
- **Organisatoren von Großveranstaltungen werden unterstützt bei der Entwicklung von Angeboten zur Anreise mit dem Rad.**
- **Bei der Erteilung von Sondernutzungserlaubnissen ist sicherzustellen, dass Leihrad- und Bike-Sharing-Angebote auch in den Außenbezirken vorzufinden sind.**
- **Das Land fördert den Kauf und Abstellmöglichkeiten von Lastenrädern.**
- **Das Land Berlin sorgt bei Straßenbaumaßnahmen für mehr Bäume, Sträucher, Grün- und Blühstreifen als vorher.**

Diese Standards verbinden stadtplanerische Aufgaben mit den neuen Chancen, Transporte und Wirtschaftsverkehr stadt- und anwohnerverträglicher zu gestalten. **Denken Sie einfach mehr Grün, mehr Flächen ohne Pkws und Lkws, mehr Leihräder für die erste und letzte Meile und mehr Family-Bikes und Lastenräder – die Maßnahmen kommen Ihnen dann schon von alleine.**

Tatsächlich haben Sie, liebe Bürgermeister und Politikerinnen, dafür nur fünf bis zehn Jahre Zeit, bevor autonomes Fahren einen gewaltigen „Rebound-Effekt" produziert: Autofahren wird billig, saubequem und verfügbarer denn je, denn Roboter-Taxis erfordern keinen Führerschein und senken den Fahrpreis in ÖPNV-ruinöse Bereiche. Simulationen gehen teilweise von einer Verdopplung der Pkw-Kilometer-Zahlen aus[60]: Noch haben Sie Zeit, die Flächen wirksam vor der autogerechten Stadt 2.0 baulich zu schützen.

Wenn Sie noch Anregungen zum stadtverträglichen und sicheren Wirtschaftsverkehr brauchen – in Berlin gibt es einen 20-Punkte-Plan zum Wirtschaftsteil des Mobilitätsgesetzes, um die Diskussion der IHK Berlin zu befruchten.[61] Wegverhandelt wurden übrigens Ideen wie die Rad-Mitnahmenpflicht für Taxen und Busse, Duschen bei Neu- und Umbauten öffentlicher Gebäude, das Verbandsklagerecht und ein Parkraummanagement.

ZAHLEN, DATEN, FAKTEN

Jede vierte Familie in Kopenhagen fährt Family-Bikes oder Lastenräder; setzen Sie auf Lastenräder und Sie befreien wie von Geisterhand Ihre Stadt von Autos.

DAUMENREGEL

Rechnet man die Kopenhagener Verhältnisse um, ergibt das ein Family-Bike oder Lastenrad je drei Einwohner: Das gilt es mit breiten Radwegen und Radparkplätzen möglich zu machen. Denken Sie bei jeder verkehrspolitischen Frage zuerst übers Fahrrad nach. Und: Pflanzen Sie pro Quadratmeter Straßenbaumaßnahme einen neuen Baum rund um das Straßenland – Ihre Bürgerinnen und Bürger werden es Ihnen danken.

Zum Weiterlesen: : §§ 6, 7, 8,12, 36 und Artikel 2 MobG.

SYSTEM-UND-NETZ-STRATEGIE

UMSETZUNGSDAUER

FINANZBEDARF

So planen Sie eine gute Radinfrastruktur

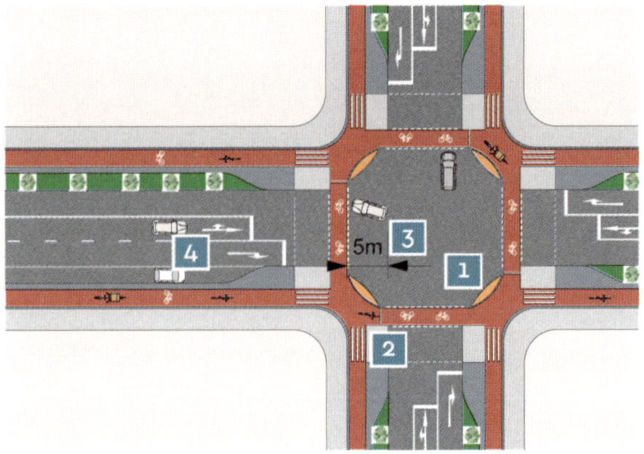

GESCHÜTZTE KREUZUNG

Bei geschützten Kreuzungen (engl. Protected Intersection) werden Radfahrer baulich getrennt vom Kfz-Verkehr geführt. Im Kurvenbereich wird dazu zwischen Radweg und Fahrbahn mit einem Hochbord eine Schutzinsel als physische Barriere ausgebildet [1]. Ziel ist, die Abbiegegeschwindigkeit von Lkws und Pkws zu reduzieren. Diese bauliche Lösung ermöglicht sowohl eine Ein- als auch Zweirichtungsführung von Fahrradfahrerinnen. Die Haltelinie für den Radverkehr wird direkt neben der Schutzinsel vorgesehen, so dass sie vom wartenden Kfz-Verkehr gut gesehen werden [2]. Die Radverkehrsfurten sind seitlich abgesetzt [3]. Dies verbessert die Sichtbeziehungen. Die Lichtsignalanlage sollte so programmiert werden, dass sich geradeaus fahrende Radfahrerinnen und rechtsabbiegende Autos nicht ins Gehege kommen können [4].

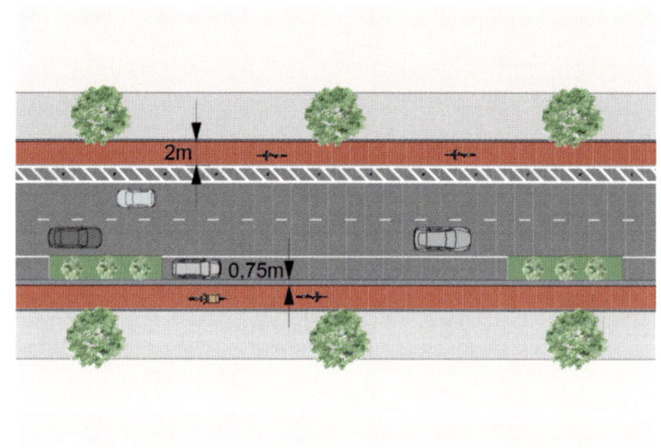

GESCHÜTZTER RADFAHRSTREIFEN

Mit geschützten Radfahrstreifen bzw. Radwegen (engl. Protected Bike Lane) können Städte kostengünstig sichere Radwege bauen. Die markierte Radspur am Fahrbahnrand wird dabei mit physischen Barrieren (z.B. Poller oder Blumenkübel) von der Fahrbahn abgegrenzt. Ganz einfach, schnell und kostengünstig lassen sich auch Parkstreifen und Radstreifen tauschen, so dass Radfahrerinnen durch die parkenden Autos vom fließenden Lkw- und Pkw-Verkehr geschützt sind. Zwei Radfahrerinnen sollen sich gefahrlos überholen können – 2,0 Meter ist damit die Mindestbreite von modernen Radwegen (und damit immer noch schmaler als Kfz-Spuren). Dabei ist darauf zu achten, dass ausreichend Sicherheitsraum zwischen Radstreifen und Barrieren eingeplant wird – mindestens 0,50 m, bei parkenden Fahrzeugen 0,75 m oder mehr. Besonders sich öffnende Fahrzeugtüren können für Radfahrerinnen gefährlich werden.

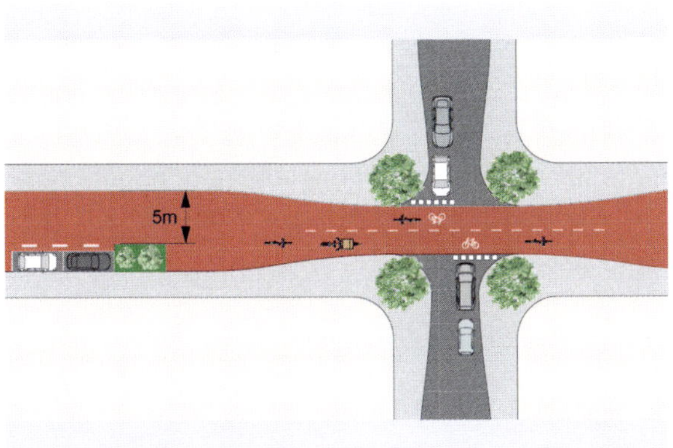

FAHRRADSTRASSE

Eine Fahrradstraße wird mit Verkehrszeichen 244.1 angeordnet, die Straße damit zum Radweg. Autos dürfen nur im Einzelfall zugelassen werden, z.B. durch Zusatzschild „Anwohner frei". Die Straßenverkehrsordnung fordert, dass Fahrradstraßen nur dort eingerichtet werden, wo der Radverkehr die vorherrschende Verkehrsart ist oder dieser Zustand zu erwarten ist (Angebotsplanung). Fahrradstraßen eignen sich daher entlang von wichtigen Verbindungen des Radverkehrs, so genannten Hauptrouten. Sie sollten gegenüber querenden Straßen bevorrechtigt sein. Optimal ist eine Fahrbahnbreite von etwa 5,0 m, zuzüglich möglicher Grünflächen, Fahrradständer oder Parkplätze, die außerhalb der Fahrbahn angeordnet sind. Der Kfz-Verkehr sollte auf Anwohner beschränkt werden.

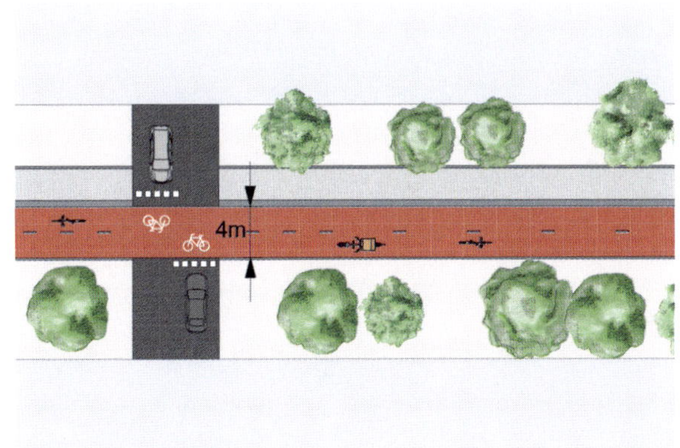

RADSCHNELLWEGE

Radschnellverbindungen bieten die große Chance, Radfahren im Alltag auch über Entfernungsbereiche von 10 km und mehr attraktiv zu machen. Ziel ist, große Entfernungen so „schnell" zu machen, dass sie auf unter 30 Minuten Radfahrzeit schrumpfen: Sie sind die „Autobahnen" für Radfahrerinnen: 4,0 m breiter Ausbau, guter Belag, möglichst kreuzungsfreie Führung, bevorrechtigt gegenüber dem Querverkehr, „grüne Welle" per Induktionsschleifen für den Radverkehr, weitgehend frei von Kfz- und Fußverkehr. Sie eignen sich ab einen Potenzial von etwa 2.000 Radfahrten pro Tag und sollten mindestens 5 km lang sein. Radschnellverbindungen können sich aus verschiedenen Netzelementen zusammensetzen – aus Radschnellwegen, Radwegen und Fahrradstraßen.

4

NICHTS IST STÄRKER ALS EINE IDEE, DEREN ZEIT GEKOMMEN IST

1

2

3

4

5

6

7

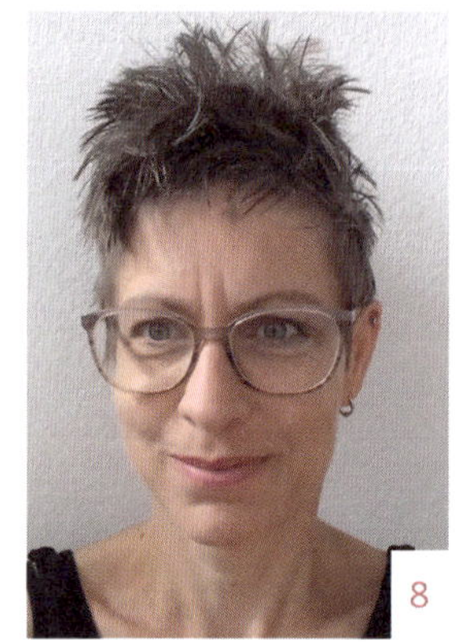
8

9

10

11

12

13

Eine Idee, eine Initiative, ein Gesetz: Erinnerungen an 34 Monate Kampagne

Albert Herresthal (#1), Geschäftsführer VSF e. V.: Respekt! Heinrich Strößenreuther hat mit der Initiative Volksentscheid Fahrrad in zwei Jahren politisch mehr bewirkt als wir etablierten Fahrradverbände in einer Dekade.

Andrea Reidl (#3), Journalistin, BusyStreets, eine der bekanntesten Fahrrad-Bloggerinnen Deutschlands: Der Volksentscheid Fahrrad hat gezeigt: Radverkehr im 21. Jahrhundert ist eine Managementaufgabe, die einen Businessplan mit klaren Ziel- und Zeitvorgaben braucht: Das Mobilitätsgesetz wird bundesweit die Radverkehrspolitik beeinflussen.

Boris Hekele (#4), Geschäftsführer FixMyBerlin, Team Radentscheid: Mit dem Radentscheid Berlin haben wir in der Autonation Deutschland eine Zäsur gesetzt und den Menschen zurück ins Zentrum der Verkehrspolitik geholt.

Christian Hader (#12), Initiator Radentscheid Bamberg: Der Volksentscheid Fahrrad war mit seiner neuen Herangehensweise Vorbild für den ersten Radentscheid auf kommunaler Ebene in Bamberg und Grundstein für die Radentscheid-Bewegung insgesamt.

Christine Schröter, Volksentscheid Fahrrad, Orga-Team und Vorstand a.D.: Täglich erlebe ich auf meinem Fahrrad gefährliche Situationen, die Lage spitzt sich zu. Der Volksentscheid Fahrrad war der richtige Trigger, um ein Umdenken bei den Berlinerinnen und Berlinern zu bewirken.

Daniel Doerk (#9), einer der bekanntesten Fahrrad-Blogger Deutschlands: Mit dem Radentscheid haben die Berliner Aktivisten etwas losgetreten. Das Fahrrad hat mit Höchstgeschwindigkeit das politische Parkett erobert. Übernehmen Städte nun Verantwortung in Sachen Verkehrswende?

Daniel Pöhler, Redaktions-Team, Team Radentscheid: Der Volksentscheid Fahrrad hat sich vernetzt, konstruktiv gearbeitet und Fahrrad-PR auf ein ganz neues Level gehoben. Ich bin dankbar, ein Teil davon gewesen zu sein.

David Grünewald, Initiator Radentscheid Darmstadt: Die Erfolgsgeschichte Volksentscheid Fahrrad hat mir Mut gemacht und die passende Blaupause geliefert, einen Radentscheid für meine Stadt zu starten.

Dr. Denis Petri, Koordination Sammlung und Verhandlungsteam, Team Radentscheid: Verkehrsplanung ist nicht das Abarbeiten von Regelwerken, sondern politisches Entscheiden: Städte „per Radentscheid drehen" ist die Übersetzung dieser Aussage in die Praxis.

Dr. Ute Symanski (#2), Initiatorin der Volksinitiative Aufbruch Fahrrad in NRW und Vorsitzende des RADKOMM e.V.: Dieses wunderbare Buch ist beides: Inspiration und Ermutigung für uns alle, die wir für ein Mobilitätsgesetz kämpfen, das Menschen in den Mittelpunkt stellt – statt Autos.

Frank Masurat (#5), Vorstand ADFC Berlin und Verhandlungsteam: Die spektakuläre Kampagne zum Volksentscheid Fahrrad hat verkrustete Strukturen in der Politik aufgebrochen und den Grundstein zu Deutschlands erstem Mobilitätsgesetz gelegt, das eine Grundlage zur Einleitung der Verkehrswende legt. Nicht nur die Inhalte des Mobilitätsgesetzes mit der gesetzlichen Verankerung der Vision Zero sind wegweisend, sondern auch die Entstehung des Gesetzes durch direkte Beteiligung der Zivilgesellschaft und einem iterativen Gesetzgebungsverfahren.

Gunnar Fehlau, pressedienst-fahrrad: Man kann die Bedeutung des Volksentscheids in Berlin für den urbanen Radverkehr und dessen politische Realisierung kaum überschätzen. Ein wichtiger Impuls von der Basis im genau richtigen Moment. Ich freue mich auf die nächsten Aktionen und Radentscheide!

Heiko Holzberger, Gesetztes-Team, Verkehrssicherheitsauditor, Team Radentscheid: Als Sicherheitsauditor habe ich darauf geachtet, dass der Berlin-Standard aktuellen Regelwerken und Empfehlungen aus Praxis und Forschung nicht widerspricht. Ob mit Radgesetz oder ohne – mehr Sicherheit ist sofort machbar!

„Ich bedanke mich bei allen, die das möglich gemacht, mitgezogen oder weitergemacht haben.“

Heinrich Strößenreuther

Jens-Holger Kirchner, Staatssekretär, Senatsverwaltung für Umwelt, Verkehr und Klima: Der Volksentscheid Fahrrad hat mit dem Entwurf für ein Radgesetz vorgelegt und herausgefordert. Stadtgesellschaft, Politik und Verwaltung haben es geschafft, in einem beispielhaften Verfahren eine Energie freizusetzen, die das bundesweit erste Mobilitätsgesetz geschaffen hat. Dank an alle Beteiligten für diese Sternstunde konstruktiver Demokratie.

Katja Leyendeker (#8), Verkehrspolitik-Forscherin: Radverkehr ist höchstpolitisch. Wir begehren Platz und Radwege(aus)bau. Dafür macht(e) sich der Radentscheid stark – schon jetzt Teil deutscher Verkehrsgeschichte und auch international angesehen.

Kerstin Stark (#7), Mobilitätsforscherin am Deutschen Zentrum für Luft- und Raumfahrt (DLR), Redaktionsteam, Gesetz- und Verhandlungsteam, Team Radentscheid: Politik und Verwaltung brauchen die Unterstützung von frischen Köpfen, den kundigen Weitblick von außen. Als Vorbild dient der Volksentscheid Fahrrad und die kooperative Gesetzgebung zum MobG

Norbert Michalke (#6), Foto-Team, Team Radentscheid, der die meisten der schönen Fotos für den Volksentscheid machte: Ich bin in Berlin 30 Jahre lang Auto gefahren – damit ist jetzt Schluss. Um die Verkehrswende voranzubringen habe ich mit meinen Fotos den Volksentscheid Fahrrad unterstützt.[62]

Prof. Dr. Martin Lanzendorf (#10), Goethe-Universität Frankfurt a. M., Institut für Humangeographie: Für mich ist das beeindruckendste Ergebnis des Berliner Radentscheids, wie Widerstände einer autoorientierten Politik und Planung überwunden und die Basis für eine zukunftsfähige Transformation urbaner Mobilität geschaffen wurde.

Prof. Dr. Oliver Schwedes, TU Berlin, Fachgebietsleitung Integrierte Verkehrsplanung: Indem das Mobilitätsgesetz erstmals eine gesetzliche Grundlage für alle Verkehrsmittel schafft und eine gemeinsame, verkehrsmittelübergreifende Rechtsverbindlichkeit herstellt, bildet es den Auftakt für eine verkehrspolitische Revolution.

Sybille Uken (#10), Vorsitzende Fachausschuss Mobilität SPD Berlin: Mit dem Mobilitätsgesetz setzt Berlin einen vorbildlichen Standard für den Umweltverbund. Der Druck des Volksentscheids Fahrrad für den Radverkehr war richtig und wichtig!

Ulrike Heringer (#13), Urbanist Magazin, ehemals Alle Macht den Rädern: Das Berliner Mobilitätsgesetz ist ein Meilenstein. Wenn es jetzt auch noch angemessen umgesetzt wird, wird sich die Lebensqualität der Berliner gewaltig verbessern.

Tim Birkholz, Koordinator der AGFK Mecklenburg-Vorpommern, Team Radentscheid: Der Radentscheid ist ein echter „Game-Changer". Die erarbeiteten Inhalte und die entstandene Mentalität sind Ausdruck starker Haltung und fachlicher Expertise. Das Erreichte macht Mut und gibt mir persönlich die Gewissheit, dass Veränderungen möglich sind.

Torsten Benzin, Gesetzes-Team, Team Radentscheid: Der Berlin-Standard sollte in den nächsten Jahren einfach ein Deutschland-Standard werden.

Roland Huhn, Referent Recht des ADFC Bundesverbands, Gesetzesteam: Das Mobilitätsgesetz reizt die Grenzen der Straßenverkehrs-Ordnung für den Radverkehr aus. Im Koalitionsvertrag 2018 hat die Bundesregierung angekündigt, die StVO „fahrradgerecht fortzuschreiben". Der ADFC und andere Verbände wollen mehr – und werden Hausaufgaben für das BMVI formulieren, damit Kommunen die Verkehrswende vor Ort mit dem Fahrrad im Mittelpunkt schnell und effizient umsetzen können.

Yvonne Hagenbach, Volksentscheid Fahrrad, Grafik-Team, heute Vorstand Changing Cities e.V.: Die Zeit war einfach gekommen und daran hat niemand gezweifelt. Aus dieser Überzeugung erwuchs eine zivilgesellschaftliche Kraft, die diesen Volksentscheid zu einem Erfolgsmodell gemacht hat. Nichts hat in der Vergangenheit die Verkehrswende so schnell vorangebracht und das lässt sich jetzt nicht mehr stoppen.

DER MAGISCHE MOMENT, ALS 105.425 UNTERSCHRIFTEN AUSGEZÄHLT WAREN – DAS VOLKSENTSCHEID-TEAM.

„Einfach machen“ – die Erfolge feiern

Viele Projektmanager hätten dieses Projekt Volksentscheid Fahrrad für Deutschlands erstes Radverkehrsgesetz für nicht gewinnbar verworfen: Eine Woche Puffer über zwei Jahre, ein unbekanntes und sehr interdisziplinäres Projektteam und große Mobilisierungserfordernisse.

„Alle sagten, das geht nicht. Aber dann kam einer, der hat das Schild nicht gelesen, und der hat es dann einfach gemacht."

So stand es auf einer Postkarte, die mir ein Freund zum Neujahr 2016 schickte. Eine Reihe an Ahnungen gab es, was sich entwickeln könnte, aber dass das alles so klappte ...

- Dass am 7. Januar 2016 über 70 Engagierte, Juristinnen, Radexperten, Grafik- und Kommunikationsprofis unserem Hilferuf folgten.
- Dass ein Gesetz von unserer Laien-Truppe nach drei Monaten gedruckt auf dem Tisch lag.
- Dass 105.425 Unterschriften innerhalb von dreieinhalb Wochen die Verkehrswende unwiederbringlich im Juni 2016 auf die Agenda setzten.
- Dass Rot-Rot-Grün in ganzer Breite unsere Forderungen im November 2016 übernahm.
- Dass über 1.000-mal Berlin- und bundesweit positiv über den Volksentscheid in den Medien berichtet wurde.
- Dass ein zwischen Senat, Parteien und Initiativen verhandeltes Eckpunkte-Papier im April 2017 vorlag, das in Teilen weit über die ursprünglichen Ziele hinausging.
- Als die ersten Ausschreibungen für neue Planer-Stellen 2017 im Netz auftauchten.
- Als „habemus Mobilitätsgesetz" am 28. Juni 2018 getwittert wurde.
- Als der weltweit breiteste, geschützte Radweg im Spätsommer 2018 nach und nach auf dem Asphalt auftauchte.
- Dass immer wieder und unermüdlich, mit grandiosen Ideen und Kreativität ein starkes Team diese Kampagne vorantrieb.

Gefeiert haben wir das oft: Als unser Radverkehrsgesetz im April 2016 vorlag und wir brennend auf den Sammelstart warteten, bei der Sammler-Party nach der Unterschriftensammlung, bei den Weihnachtsfeiern an der Spree.

Beeindruckend war, als in einer der letzten Verhandlungsrunden die Critical-Mass[63] im März 2017 mit 5.000 Radfahrenden am ersten warmen Frühlingstag unterm Fenster des Verhandlungssaals des Verkehrssenats klingelnd vorbei radelte und endlich Pizza brachte – O-Ton des damaligen Staatssekretärs Kirchner: **„Für die machen wir´s."**

Die Abschlussparty nicht zu vergessen, als am 28. Juni 2018 das Gesetz beschlossen wurde und wir diesen Erfolg zusammen feierten.

Ausgezeichnet wurden wir u.a. für unsere Leistung mit dem Bundespreis Nachhaltigkeit für unseren innovativen Bürger-Gesetzgebungsprozess, mit dem Euro-Bike-Preis von der größten europäischen Fahrradmesse, der Euro-Bike, für unsere PR-Kampagne und mit dem Deutschen Fahrradpreis[64] vom Bundesministerium für Verkehr und digitale Infrastruktur (BMVI), der Arbeitsgemeinschaft fußgänger- und fahrradfreundlicher Städte, Gemeinden und Kreise in NRW e.V. (AGFS), des Zweirad-Industrie-Verband (ZIV) und der Verbund Service und Fahrrad e.V. (VSF).

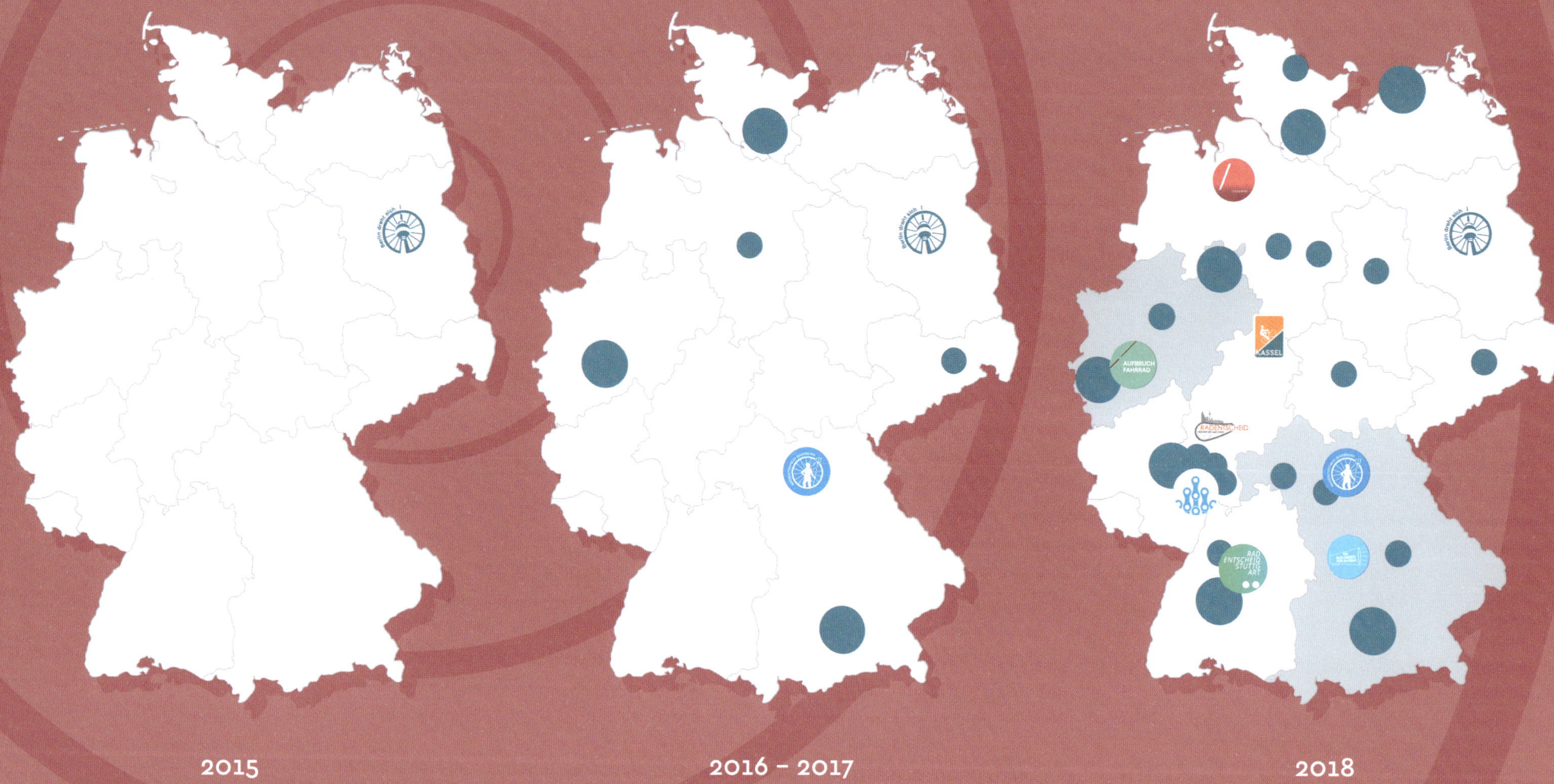

Keimzellen

- Dresden
- Hannover
- Braunschweig
- Pforzheim
- Regensburg
- Magdeburg
- Kiel
- Mainz
- Erfurt
- Hanau
- Erlangen
- Dortmund
- Aschaffenburg
- Würzburg

Radentscheid online gegangen

- Radentscheid Aachen
- Radentscheid Bielefeld
- Radentscheid Wiesbaden
- Radentscheid Rostock
- Radentscheid Tübingen
- Radentscheid München
- Radentscheid Hamburg

LOGO **Unterschriftensammlung läuft / ist abgeschlossen**

- Volksentscheid Fahrrad Berlin
- Radentscheid Bamberg
- Radentscheid Darmstadt
- Radentscheid Frankfurt
- Radentscheid Kassel
- Radentscheid Stuttgart
- Radgesetz für Bayern
- Aufbruch Fahrrad NRW
- Platz da Bremen

Stand: Dezember 2018

Der Club der Radentscheide – auf dem Weg zum Deutschland-Standard

Als zum ersten Mal die Zahl 105.425 Unterschriften ausgesprochen war, konnte ich gerade noch anstoßen, bevor es mir für etliche Minuten die Sprache verschlug. Ich erahnte, welche unglaubliche Energie[65] diese eine Zahl mit diesem Moment freisetzte. Es lässt mir bei dieser Zahl noch heute eine Gänsehaut über den Rücken krabbeln, wenn ich bei meinen Vorträgen bei dieser Folie angelangt bin. Denn ...

105.425 hieß das Signal, das von Berlin ausging. Die Verkehrswende lässt sich knacken, von unten. Die Radfahrerinnen und Radfahrer haben überall gestrichen die Schnauze voll mit vollmundigen rhetorischen Reden über den Ausbau des Radverkehrs, von Sekt, der nach dem ersten Schluck bestenfalls noch nach schalem Selters schmeckt. „Schulnote Vier und schlechter" – 75% aller Kommunen sind in Sachen Fahrradfreundlichkeit beim ADFC-Klimatest 2016 von über 500 Kommunen mit Schulnoten ausreichend und schlechter bewertet worden.[66]

105.425 zeigte, dass sich in Nullkommanichts neue Mehrheiten finden lassen, die von ihren Bürgermeistern und Politikerinnen eine andere Verkehrspolitik erwarten.

105.425 half allen Parteien im Wahlkampf zu vollmundigen Aussagen zur massiven Radverkehrsförderung und verbaute das Zurückschnalzen in alte Schützengräben der frontalen Auseinandersetzung Auto gegen Fahrrad.

Inzwischen vergehen keine drei Monate, in denen nicht ein neuer Radentscheid-Twitter-Account[67] online geht. In Bamberg[12] tauchte der erste Nachahmer auf, Darmstadt wurde im Verborgenen vorbereitet, um dann top vorbereitet im verkehrspolitischen Vorgarten des grünen Oberbürgermeisters herumzutrampeln. In vielen Städten waren Team-Kollegen von Changing Cities, dem Trägerverein hinter dem Volksentscheid Fahrrad, dem ADFC Berlin oder ich zum Vortrag eingeladen, oft als Initialzündung der nächsten Keimzelle. Frankfurt folgte, Stuttgart, Kassel, Wiesbaden, Aachen, Rostock, Bielefeld, Tübingen und Hamburg. Der Club der Radentscheide wuchs im Quartalstakt.

Manche sortieren sich noch, andere bereiten mit klaren radverkehrspolitischen Zielen die erste Unterschriftensammlung vor. In Bayern und Nordrhein-Westfalen gründeten sich Initiativen für ein Landesgesetz.

Die Ziele ähneln sich: zwei Meter breite Radwege, Fahrradstraßen, Radschnellwege, sichere Kreuzungen und immer wieder die Forderung nach einem angemessenen Budget und ausreichend Radverkehrsplanern. Der Zielkanon zeigt, dass ausgehend vom Berlin-Standard für jeden Stadt- und Gemeindetyp immer wieder die gleichen Maßnahmen und Ziele gefordert werden – sich ein faktischer Deutschland-Standard für gute Radinfrastruktur entwickelte.

Alle Radentscheide waren deutlich schneller und erfolgreicher als gesetzlich gefordert, alle Radentscheide brachten einen Umschwung in die verkehrspolitische Debatte. Alle Radentscheide ermutigen weitere Engagierte, sich zu trauen, mehr zu fordern, selbstbewusster eine Politik zu ändern, die Autofahrer bevorzugt und sich für eine moderne Radverkehrspolitik einzusetzen.

Was in Berlin geht, funktioniert erst recht im Rest der Republik: Der Club der Radentscheide hat dieses Signal verstanden und fordert lautstark lebenswerte Städte ein – mit dem Fahrrad im Kern.

Seiten	Handlungsbereich	Großstadt	Mittelstadt	Kleinstadt	Landgemeinde
56–57	Crash-Nachsorge: Nach schweren Unfällen rasch und unbürokratisch für Besserung sorgen	umsetzbar	umsetzbar	umsetzbar	umsetzbar
58–59	Baustellen: Jede Straßen-Baumaßnahme verbessert ab jetzt den Radverkehr	umsetzbar	umsetzbar	bedingt umsetzbar	bedingt umsetzbar
60–61	Falschparker: Mit Schlepperbanden Null-Toleranz für „schnell mal eben"	umsetzbar	umsetzbar	bedingt umsetzbar	bedingt umsetzbar
62–63	Verkehrsmoral: Law & Order für alle, Verkehrsregeln durchsetzen	umsetzbar	umsetzbar	umsetzbar	bedingt umsetzbar
64–65	Kindertauglich: Die Kinder rein, damit die Autos draußen spielen können	umsetzbar	umsetzbar	umsetzbar	umsetzbar
66–67	Mägelbeseitigung: Pflegekräfte für die Willkommenskultur auf dem Radweg	umsetzbar	umsetzbar	umsetzbar	umsetzbar
68–69	Einbahnstraßen: Rad-Abkürzungen zaubern	umsetzbar	umsetzbar	umsetzbar	umsetzbar
70–71	Polizei-Fahrradstaffel: Mit #CopsOnBikes Unfallzahlen halbieren	umsetzbar	umsetzbar	bedingt umsetzbar	bedingt umsetzbar
72–73	PR: Aufklärer gesucht, mit Öffentlichkeitsarbeit Ihre Stadt auf mehr Radverkehr einjustieren	umsetzbar	umsetzbar	bedingt umsetzbar	bedingt umsetzbar
74–75	Partizipation: Hilfe von der 2.0-Crowd nutzen – mit App und Web	umsetzbar	umsetzbar	bedingt umsetzbar	bedingt umsetzbar
76–77	Radparkplätze in der Stadt: Gehwege freihalten, City-Shoppen beleben	umsetzbar	umsetzbar	umsetzbar	nicht umsetzbar
78–79	Kreuzungen: Blutzufuhr senken – sicher rüber kommen	umsetzbar	umsetzbar	umsetzbar	umsetzbar
80–81	Fahrradstraßen: „Fahrrad first" nur für Radfahrerinnen	umsetzbar	umsetzbar	umsetzbar	umsetzbar
82–83	Radwege: Wohlfühlen auf Spurbreite K	umsetzbar	umsetzbar	bedingt umsetzbar	bedingt umsetzbar
84–85	Personal: Viel hilft viel – Planer einstellen, Organisation fit machen	umsetzbar	umsetzbar	umsetzbar	umsetzbar
86–87	Budget: Investieren nach Budgetgerechtigkeit	umsetzbar	umsetzbar	umsetzbar	umsetzbar
88–89	Dienstfahrräder: Nur das Beste für den Chef	umsetzbar	umsetzbar	umsetzbar	umsetzbar
90–91	Strategie-Ziele: Smart Cities fängt bei den Zielen an, klar und überprüfbar	umsetzbar	umsetzbar	umsetzbar	umsetzbar
92–93	Vision Zero: Lernen und Nachbessern als striktes Pflichtprogramm	umsetzbar	umsetzbar	umsetzbar	umsetzbar
94–95	Nebenstraßen: mit Kiez- und Lebensqualität	umsetzbar	umsetzbar	umsetzbar	umsetzbar
96–97	Fahrrad-Diebstahl: Den Langfingern auf die Schliche kommen	umsetzbar	umsetzbar	umsetzbar	umsetzbar
98–99	Berichte: Gutes tun und darüber sprechen	umsetzbar	umsetzbar	umsetzbar	umsetzbar
100–101	Radparkplätze am Bahnhof: Fahrrad, Bus und Bahn mit Bike + Ride verknüpfen	umsetzbar	umsetzbar	umsetzbar	umsetzbar
102–103	Netzplanung: Ein Radnetz planen und schaffen	umsetzbar	umsetzbar	umsetzbar	umsetzbar
104–105	Radschnellwege: Für Pendler lange Wege schneller machen	umsetzbar	umsetzbar	nicht umsetzbar	nicht umsetzbar
106–107	Grüne Welle: Den Radverkehr beschleunigen	umsetzbar	umsetzbar	nicht umsetzbar	nicht umsetzbar
108–109	Die Kür: Regelungen, die jede Stadt auch noch brauchen kann	umsetzbar	umsetzbar	nicht umsetzbar	nicht umsetzbar

● umsetzbar ● bedingt umsetzbar ● nicht umsetzbar

Der Berlin-Standard auch für Ihre Stadt?

Ein Gastbeitrag von Tim Birkholz, Projektkoordinator AGFK MV (Arbeitsgemeinschaft für fahrradfreundliche Kommunen in Mecklenburg-Vorpommern)[68]

In Berlin mit den breiten Straßenzügen geht das natürlich, aber diesen Platz haben wir hier nicht! In Kopenhagen ist das alles kein Problem, die haben ja auch eine ganz andere Stadtstruktur. Die Niederlande haben eine richtige Fahrradkultur, aber Deutschland ist ein Autoland!

An Klassiker-Argumenten, warum mehr Radwege als bisher nicht machbar seien, mangelt es nicht: Alles kleiner, größer und sowieso ganz anders – frei nach dem Motto „Wer etwas will, findet Wege, wer etwas nicht will, findet Gründe!"

Schluss mit den Ausreden: Der Berlin-Standard funktioniert für jede Stadt und Gemeinde, egal wie groß oder klein Ihre Stadt oder Gemeinde ist, egal wie dicht oder dünn besiedelt der Landkreis: Alles steht und fällt mit dem klaren politischen und planerischen Willen, mehr fürs Rad zu tun.

Sind Politik und Verwaltung dazu fest entschlossen, ist es eine planerische Aufgabe, die passenden Elemente des Berlin-Standards herauszusuchen und auf die Situation vor Ort zu übertragen. Die Aufgabe der politischen Führung heißt, die eigene Bevölkerung (und die eigene Verwaltung!) dabei mitzunehmen!

Nicht jede Gemeinde benötigt einen Radschnellweg, aber sichere Radwege für alle müssen so selbstverständlich sein und ohne logische Fehler geplant und gebaut werden wie Autobahnen für das Auto: Diese endet auch nicht direkt in einen Feldweg, einer Bushaltestelle oder einer Parkspur. Deutsche Städte und Gemeinden haben fast flächendeckend großen Nachholbedarf beim Radverkehr, von positiven Ausnahmen abgesehen, stagnieren die Zahlen seit Jahrzehnten, das ist die traurige Wahrheit.

Spätestens seitdem E-Bikes und Pedelecs den Massenmarkt durchdrungen haben, sind auch längere Entfernungen und Höhenunterschiede kein Problem mehr. Selbst im dünn besiedelten Mecklenburg-Vorpommern sind einige grundlegende Probleme und Themen exakt die gleichen wie in Berlin.

- Wenn alle Urlauber mit dem Auto an die Ostsee fahren, dann gibt es selbst in kleinsten Gemeinden Stau- und Parkplatz-Probleme.
- Wenn Pendler mit dem Auto stau- und stressfrei in die größeren Städte fahren und alle Stadtbewohner einen öffentlichen Parkplatz vor dem Haus erwarten können sollen, dann platzen die Städte aus allen Nähten.
- Auch im Norden wird der Flächenkonflikt gescheut: Werden die Flächen jedoch nicht umgewidmet, fehlt der Platz für sichere Radwege und Kinder werden weiterhin per Eltern-Taxi in die Schule gebracht.
- Es fehlt das Verständnis und auch der politische Mut, mehr für Radfahrende zu tun. "Meine Wähler fahren ja alle Auto" heißt es dann, was außerhalb von Großstädten ja sogar stimmt. Dass ein großer Teil dieser Wählerinnen liebend gern häufiger auch das Rad benutzen würde, wird oft nicht erkannt.

Denn der Wunsch nach guter und sicherer Infrastruktur fürs Radfahren ist bei den Menschen in Mecklenburg-Vorpommern oder Bayern, in Nordhorn oder Pforzheim genauso ausgeprägt wie in Berlin. Mehr als 80 % Zustimmung für mehr Rad- und Fußwege in repräsentativen Umfragen sprechen eine klare Sprache. Und hier wie dort sind 50% aller Wege mit dem Auto kürzer als fünf Kilometer und bis auf ein paar Ausnahmen in der Regel gut mit dem Fahrrad machbar.

Jede Stadt hat ihre eigene Geographie, Vorgeschichte und eigene verkehrspolitische DNA. Nichts davon ist jedoch ein Grund, das Fahrrad als Verkehrsmittel nicht ganz vorne auf die verkehrspolitische Prioritätenliste zu setzen.

Die berühmte niederländische und Kopenhagener Fahrradkultur ist entstanden, weil sich dort bereits in den 1970er Jahren Politiker dafür entschieden haben, übrigens nach Bürgerprotesten gegen die autogerechte Stadt. Es hängt nur von Ihnen ab …

EIN BIKE-UP ZUM AUFTAKT DER VERHANDLUNGEN ÜBER DAS MOBILITÄTSGESETZ:
REGINE GÜNTHER, SENATORIN FÜR UMWELT, VERKEHR UND KLIMA
MIT HEINRICH STRÖSSENREUTHER.

Verbünden Sie sich mit Ihrem Radentscheid

Die wollen doch nur spielen – so mag Ihr erster Reflex sein, wenn Sie von einem neuen Bürgerentscheid hören, ob für eine Fahrradstadt oder für andere Verkehrsthemen.

Bewahren Sie sich diese Haltung gut auf, es ist genau die Richtige. Erklären Sie der Presse, was Sie schon alles Tolles leisten und malen Sie die Zukunft rosig aus. Garniert mit ein paar flapsigen Sprüchen haben Sie sofort Ihre Stammwähler auf Ihrer Seite. Nutzen Sie jede Chance, Ihrem Bürgerentscheid das Leben schwer zu machen, ob es juristische Hürden sind, das Hinhalten, ein paar Placebo-Aktionen oder, oder, oder.

Tatsächlich Bullshit, falls Sie sich auch nur den kleinsten Gedanken damit angefreundet haben. Sie verkennen, welche ungeheure Chance hinter Bürgerentscheiden stehen. Diese engagierten Leute schenken einem der wichtigsten Themen Ihrer Kommune unglaublich viel ehrenamtliche Zeit. Sie bauen Wissen auf, bilden Netzwerke der Willigen, entwickeln Kontakte in Ihre Behörden: Letztlich legen Sie Ihnen ihre gesamte Kompetenz zu Füßen. Heben Sie diese auf und machen Sie gemeinsam etwas daraus.

Klar dürfte sein, dass Sie die aus Klimaschutzgründen längst überfällige Verkehrswende nicht konfliktfrei knacken können: Nutzen Sie das sich öffnende politische Zeitfenster, die kommunikative Power und die Energie eines Radentscheides.

Ein Radentscheid diskutiert stellvertretend für Sie die Frage der Verkehrswende in den Medien und mit Ihren Wählerinnen und Wähler aus. Gewinnt ein Radentscheid seine Unterschriftensammlung, hat er Ihnen für die Verkehrswende politisch den Rücken gestärkt. Unzählige Überzeugungsgespräche, das Nachbessern von Argumenten, die Konflikte mit den schwersten Gegnern – so viel Budget für eine PR-Agentur würden Sie gar nicht bewilligt bekommen.

Sie vergeben sich auch nichts, denn Ihre Bürgerinnen und Bürger freuen sich über Ihren Schritt Richtung Initiative. Und so könnte es optimal aussehen:

- Wenn die Ziele und der Entscheid erarbeitet und formuliert werden, nutzen Sie das kurze Zeitfenster, um weitere sinnvolle Forderungen unterzubringen oder verwaltungsrechtlich schwierig umzusetzende Forderungen durch sinngemäß gleichrangige, rechtlich-funktionierende Forderungen nachzubessern.
- Stellen Sie Einigkeit über die Kosten der Umsetzung her, denn die sind für die Bürger nur ein unnötiges Nebenthema.
- Wollen Sie Rückhalt demonstrieren, stellen Sie es durch Taten unter Beweis: Pinsel und Poller gehen über Nacht.
- Holen Sie sich eine professionelle Moderation für die Verhandlungen heran und vereinbaren Sie einen klaren, transparenten Verhandlungsplan, denn durch einen nachlässig-organisierten und unfairen Prozess verliert nur einer, und zwar Sie, denn die Sympathie liegt meistens auf der Seite der Initiativen.
- Setzen Sie fix und professionell die vereinbarten Maßnahmen um, denn die kommunikative Power und Dauer-Kritik eines Radentscheids wird sonst ekelig an Ihnen kleben bleiben.

Seien Sie dankbar für einen Radentscheid, denn für Sie alleine ist die Verkehrswende eine konfliktreiches „Biest": Lassen Sie sich den Rücken stärken in diesem Nachhaltigkeits- und Flächenkonflikt – von Ihrem Radentscheid vor Ort!

Mutig für die gelassene Stadt: Meine Wünsche an die Politik

„Echter demokratischer Zwist ist in der Regel nicht kuschelig. Zu hart, zu aggressiv, zu pietätlos, zu kompromisslos, zu feldherrnhaft. Man hätte es gern etwas weicher", so beschrieb die taz[69] mein Wirken rund um die Erfolgsgeschichte Volksentscheid Fahrrad.

Verkehrswende ist nix für Feiglinge[70], kein Ponyhof, positiv ist sie schon gar nicht, denn es geht um harte Verteilungskonflikte mit vielen Gewinnern, aber wenigen laut schreienden Verlierern. Wer sich nicht traut, den Autofahrern Flächen wegzunehmen, sollte sich „nettere" Politikfelder suchen – oder die Haltung entwickeln, Stück für Stück für lebenswerte Städte zu sorgen.

Amsterdam hat es getan, Kopenhagen macht es, Berlin fängt an, andere Städte in Deutschland haben schon einen längeren Track-Record erfolgreicher kleiner Schritte: Von Leipzig bis Offenburg, von Potsdam bis Karlsruhe, Uni-Städte mal ausgelassen, wo hohe Radverkehrsanteile eher durch Nachahmer-Effekte denn durch de-luxe-Infrastruktur zu erklären sind.

Der gesamte Berlin-Standard umgesetzt, verdoppelt zwar die Radverkehrsfläche in Berlin, reduziert aber die Kfz-Flächen gerade mal um drei lächerliche Prozentpunkte.[09] Das ist angemessen, die Verkehrswende lässt sich machen und wird mit Wahlerfolgen belohnt.

Meine Wünsche an die Politik in Bund, Länder und Gemeinden:

- Korrigieren Sie auf Bundesebene den StVO-Rahmen und erlauben Sie mehr kommunale Handlungsspielräume.
- Passen Sie die StVO mehr an die Bedürfnisse von Radfahrinnen an – u.a. von Rechtsabbiege-Ampel-Schaltungen bis hin zum Nebeneinander-Fahren-Dürfen.
- Entwickeln Sie ein neues #VisionZeroJustiz-Strafrecht für den Verkehr, das die Schwachen durch generalpräventive Anklage- und Urteilspfade vor den „fahrlässigen" Sekundenbruchteilen besser schützt.
- Korrigieren Sie den Bußgeldkatalog und hängen Sie an jede Zahl einfach eine Null ran, damit aus Knöllchen Knollen werden.
- Investieren Sie jeden zehnten Euro Ihres Verkehrsbudgets in den Ausbau des Radverkehrs.
- Rechnen Sie mit Excel die Pariser Klimaschutz-Ziele auf ihre Verkehrshausaufgaben herunter und setzen Sie diese "verdammt noch mal" um, denn das sind Sie als verantwortlicher Politiker Ihren Liebsten und Nachfahren schuldig.
- Gehen Sie mutige Schritte voran: Heute werden kaum noch Politiker abgewählt wegen fahrradfreundlicher Politik.
- Nutzen Sie die Energie der Verkehrsdebatte von Fahrverboten bis E-Mobilität: Nie wieder haben Sie es so einfach wie heute.

Ein ehemaliger Daimler-Manager und Kunde von mir war zufällig und ungewollt Pate für die Kernbotschaft des Volksentscheids Fahrrad:

Ich will auch einfach nur sicher und entspannt Fahrrad fahren.

Machen Sie das möglich. Sorgen Sie für kindersichere Radwege und Kreuzungen, für fehlerverzeihende Infrastrukturen und Verkehrsregeln und für das gechillte Gefühl des Cruisens, wie es jeder Autofahrer kennt: Zu zweit nebeneinander, tiefenentspannt durch die Straßen zu fahren, zu plauschen und Land und Leute zu genießen.

Mitten durch die Stadt, das kann so schön sein.

30
Luftreinhaltung
AMPELMANN SHOP
H&M

Und nun bringen Sie es bitte schonend Ihren Autofahrern bei

Sie haben gelernt: Die Klimaziele zwingen Sie, Radwege schnellstens auszubauen, denn der Radverkehr ist systemrelevant. Investitionen in andere Verkehrsmittel sind exorbitant teurer, greifen zu spät oder haben eine zweifelhafte Bilanz, das Fahrrad nicht.

Helfen Sie Ihren Autofahrerinnen und Autofahrern: Holen Sie die aufs Rad, die gerne wollen und sich nicht trauen. Bauen Sie diesen sichere Wohlfühl-Infrastruktur. Gönnen Sie schicke Radwege und verführen Sie aufs Rad.

Für die anderen heißt das weniger Stau und mehr freie Parkplätze. Denn eines wird Ihnen vermutlich auch immer klarer: Ein Weiter-So der alten Verkehrspolitik funktioniert schon lange nicht mehr. Jahr für Jahr 1% mehr Pkws in jeder Stadt auf den Straßen – beispielsweise 20.000 Autos in Berlin – macht nur aggressiv und bereitet Stress, obwohl doch attraktive Innenstädte und lebenswerte Kieze viel anziehender klingen, wie Umfragen das seit Jahren belegen.

Eigentlich müssen Sie sich nur noch trauen, direkt nach Ihrer Neuwahl ein paar Maßnahmen durchzusetzen, die zu größeren Veränderungen führen: breite Radwege in engen Straßen, Kreuzungen sicherer machen, Fahrradstraßen ernst meinen. Unfälle sind leider die Gunst der Stunde und tatsächlich honorieren die Angehörigen beherztes Eingreifen, damit an den gefährlichsten Kreuzungen nie wieder Gleiches passieren kann.

Heben Sie sich für die Zeit kurz vor der Wahl die charmanten Dinge auf, die alle lieben: ein paar exklusiv-gestaltete Fahrrad-Parkplätze, ein paar Lastenrad-Programme, pfiffige PR und exklusive Radl-Events.

Auch in kleinen Städten lässt sich viel umsetzen: Die Radentscheide von Bamberg bis Darmstadt, von Frankfurt bis Rostock zeigen, dass es dafür nicht die fetten Straßen und mega-breiten Gehwege Berlins bedarf. Tatsächlich können Sie sicher sein, dass in den engen Straßen kleiner Städte eh schon alle genervt sind und eigentlich nur noch auf Ihr couragiertes Handeln warten.

Wenn Sie das nicht glauben wollen, starten Sie Ihren nächsten Urlaubstrip nach Holland und checken Sie unterwegs Städte wie Reken, Bocholt oder Göttingen aus. Oder fahren Sie nach Grado an der italienischen Adria in Sichtweite von Venedig.

Es geht. Es bedarf strategischer Planung, taktischem Agierens und auch ein wenig Charisma. Gute Vorbereitung und ab und an der Zufall bescheren Ihnen den Erfolg und machen Ihre Stadt lebenswerter. Amsterdam hat es geschafft, Kopenhagen auch, kleine Städte wie Houten oder Delft ebenfalls. Ihre Bürgerinnen und Bürger wollen das.

Der Klimawandel zwingt Sie, schneller als die großen Vorbilder zu sein, die dafür viele Jahrzehnte Zeit hatten. Dutzende Städte in Deutschland haben das Schritt für Schritt vorgemacht. Die Elemente dazu finden Sie in diesem Buch und in den Paragraphen des Berliner Mobilitätsgesetzes.

Machen statt Reden – jetzt sind Sie dran.

ZUM SCHLUSS

Literaturverzeichnis

(01.) Behörde für Stadtentwicklung und Umweltschutz der Freien und Hansestadt Hamburg (2010): Basisgutachten zum Masterplan Klimaschutz für Hamburg: Möglichkeiten zur Verringerung der CO2-Emissionen im Rahmen einer Verursacherbilanz. www.hamburg.de/contentblob/4312988/d35ac390ff234478e818023286d2a2b4/data/basisgutachten-masterplan-klimaschutz.pdf;jsessionid=E0C-C2F1A45583BA8FD36D480BA7FF55D.liveWorker2, Letzer Zugriff: 11.12.2018

(02.) Initiative Clevere Städte (2010): Der Flächenkonflikt als Schlüssel zur Verkehrswende: Ein integriertes Verkehrskonzept braucht politischen Mut. https://clevere-staedte.de/blog/artikel/flächenkonflikt_verkehrskonzept_politik_mut, Letzer Zugriff: 11.12.2018

(03.) Volksentscheid Fahrrad a (2018): Medienspiegel. https://volksentscheid-fahrrad.de/de/medienspiegel/, Letzer Zugriff: 11.12.2018

(04.) Initiative Clevere Städte a (2018): Medienspiegel Initiative Clevere Städte. https://clevere-staedte.de/presse/medienspiegel, Letzer Zugriff: 11.12.2018

(05.) Volksentscheid Fahrrad (2017): Jahresauftakt-Pressegespräch. https://volksentscheid-fahrrad.de/wp-content/uploads/2017/01/170103-PK-Jahresauftakt.pdf, Letzer Zugriff: 11.12.2018

(06.) Leon Legeland, Copenhagenize (2016): Berlin Decides its Future. www.copenhagenize.com/2016/04/berlin-decides-its-future.html, Letzer Zugriff: 11.12.2018

(07.) Copenhagenize (2018): Webseite. https://copenhagenize.eu, Letzer Zugriff: 11.12.2018

(08.) Initiative Clevere Städte a (2014): Wem gehört die Stadt? Der Flächen-Gerechtigkeits-Report. https://clevere-staedte.de/blog/artikel/flaechen-gerechtigkeits-report-online, Letzer Zugriff: 11.12.2018

(09.) Science Slam Deutschland (2016): Jeder m2 Radweg spart CO2. www.youtube.com/watch?v=gVAWFPkFHvw, Letzer Zugriff: 11.12.2018

(10.) Danny Macaskill (2014): The Ridge. www.youtube.com/watch?v=xQ_IQS3VKjA, Letzer Zugriff: 11.12.2018

(11.) Volksentscheid Fahrrad a (2016): Der Entwurf des Berliner Radverkehrsgesetzes (BerRG) . https://volksentscheid-fahrrad.de/wp-content/uploads/2016/02/160224-Vorstellung-BerRG-NL-Botschaft.pdf, Letzer Zugriff: 11.12.2018

(12.) Wirtschaftswoche (2017): Fahrrad first. www.wiwo.de/politik/deutschland/verkehrspolitik-fahrrad-first-/20514798-all.html, Letzer Zugriff: 11.12.2018

(13.) Arbeitsgemeinschaft Fahrradfreundlicher Kommunen in Baden- Württemberg (2018): Überzeugend argumentieren. Handreichung für Radverkehrsbeauftragte. www.agfk-bw.de/fileadmin/user_upload/Projekte/Uberzeugend_argumentieren/Ueberzeugend_argumentieren_Handreichung_fuer_Radverkehrsbeauftragte_Maerz_2018.pdf, Letzer Zugriff: 11.12.2018

(14.) Initiative Clevere Städte b (2014): Helmpflicht für Autofahrer: 4,5 mal mehr durch Kopfverletzungen getötete Autofahrer als Radfahrer. https://clevere-staedte.de/blog/artikel/helmpflicht-für-fußgänger-und-autofahrer, Letzer Zugriff: 11.12.2018

(15.) Tagesspiegel a (2018): Senatskanzlei will Fahrradpolitik verschärfen. www.tagesspiegel.de/berlin/verkehr-in-berlin-senatskanzlei-will-fahrradpolitik-verschaerfen/20818764.html, Letzer Zugriff: 11.12.2018

(16.) Daniel Pöhler, Tim Lehmann (2016): 90 Prozent der Radstreifen in Berlin sind nicht sicher – „Bärchen gegen Brummis" für kindersichere Radwege. https://volksentscheid-fahrrad.de/de/2016/12/04/aktion-baerchen-gegen-brummis-fuer-kindersichere-radwege-2940/, Letzer Zugriff: 11.12.2018

(17.) Unfallforschung der Versicherer (2018): Radverkehrsanlagen. https://udv.de/de/strasse/wege-fuer-radfahrer/mensch/radverkehrsanlagen, Letzer Zugriff: 11.12.2018

(18.) Linda Baker (2009): How to Get More Bicyclists on the Road. www.scientificamerican.com/article/getting-more-bicyclists-on-the-road/, Letzer Zugriff: 11.12.2018

(19.) Allgemeiner Deutscher Fahrrad-Club (2018): So geht Verkehrswende – Infrastrukturelemente für den Radverkehr. www.adfc.de/fileadmin/user_upload/Expertenbereich/Politik_und_Verwaltung/Download/So_geht_Verkehrswende_ADFC-Booklet.pdf, Letzer Zugriff: 11.12.2018

(20.) Andrea Reidl (2016): Verkehrsrebell im schwarzen Anzug. www.zeit.de/mobilitaet/2016-04/fahrrad-verkehrspolitik-heinrich-stroessenreuther-berlin/komplettansicht, Letzer Zugriff: 11.12.2018

(21.) Initiative Clevere Städte c (2014): Machen Sie das Zuparken teurer, Herr Verkehrsminister!. https://clevere-staedte.de/blog/artikel/zuparken-teurer-machen, Letzer Zugriff: 11.12.2018

(22.) Initiative Clevere Städte a (2017): In zwei Jahren Pause die Verkehrswende geknackt: Der Volksentscheid Fahrrad – eine kleine Zusammenfassung von zwei Jahren Pause. https://clevere-staedte.de/blog/artikel/volksentscheid-fahrrad, Letzer Zugriff: 11.12.2018

(23.) Volksentscheid Fahrrad b (2018): Chronik des Volksentscheids Fahrrad. https://volksentscheid-fahrrad.de/de/chronik-des-volksentscheid-fahrrad/, Letzer Zugriff: 11.12.2018

(24.) Martin Lüdemann, Heinrich Strößenreuther (2018): Berlin dreht sich – vom Motto zum Erfolg: Warum Berlin in zehn Jahren auf Kopenhagen-Niveau umzubauen ist und wie die Initiative Volksentscheid Fahrrad mit Deutschlands erstem Radverkehrsgesetz das hinbekommen hat. www.umps.de/php/artikeldetails.php?id=677, Letzer Zugriff: 11.12.2018

(25.) Andrea Reidl (2018): Tausende Stimmen gegen den Stillstand. Bundesweit fordern immer mehr Städter per Bürgerbegehren bessere Radwege. www.riffreporter.de/busystreets-koralle/radentscheid/, Letzer Zugriff: 11.12.2018

(26.) Volksentscheid Fahrrad (2015): 10 Ziele – weil Berlin sich dreht!. https://volksentscheid-fahrrad.de/de/ziele/, Letzer Zugriff: 11.12.2018

(27.) Volksentscheid Fahrrad b (2016): Gesetz zur Förderung des Radverkehrs in Berlin (RadG). https://volksentscheid-fahrrad.de/wp-content/uploads/2016/12/2016_07_26-RadG_NEU-2.pdf, Letzer Zugriff: 11.12.2018

(28.) Senatsverwaltung für Justiz und Verbraucherschutz (2018): Berliner Mobilitätsgesetz: Gesetz zur Neuregelung gesetzlicher Vorschriften zur Mobilitätsgewährleistung vom 5. Juli 2018. www.berlin.de/sen/justiz/service/gesetze-und-verordnungen/2018/ausgabe-nr-18-vom-17-7-2018-s-461-480.pdf, Letzer Zugriff: 11.12.2018

(29.) Senatsverwaltung für Umwelt, Verkehr und Klimaschutz (2018): Nächster Schritt beim Mobilitätsgesetz: Berlin geht neue Wege im Fußverkehr. www.berlin.de/sen/uvk/presse/pressemitteilungen/2018/pressemitteilung.743864.php, Letzer Zugriff: 11.12.2018

(30.) Heinrich Strößenreuther (2017): Wer haftet für die Toten?. www.taz.de/!5392492/, Letzer Zugriff: 11.12.2018

(31.) Netzwerk Fahrradfreundliches Tempelhof-Schöneberg (2018): Auswertung von 100 Meldungen zu Baustellen, bei denen die Belange des Radverkehrs nicht beachtet wurden. www.rad-ts.de/wp-content/uploads/Auswertung-von-100-Meldungen-zu-Mängeln-Radverkehr-an-Baustellen.pdf, Letzer Zugriff: 11.12.2018

(32.) Initiative Clevere Städte d (2014): Wegeheld-App und Falschparker-Pranger. www.wegeheld.org, Letzer Zugriff: 11.12.2018

(33.) Tagesspiegel b (2018): radmesser. https://interaktiv.tagesspiegel.de/radmesser/index.html, Letzer Zugriff: 11.12.2018

(34.) Initiative Clevere Städte (2015): AutoJustiz – high noon am Amtsgericht: Protest gegen fatales Urteil. https://clevere-staedte.de/blog/artikel/Autojustiz-Mahnwache, Letzer Zugriff: 11.12.2018

(35.) David Derbyshire (2007): How children lost the right to roam in four generations. www.dailymail.co.uk/news/article-462091/How-children-lost-right-roam-generations.html, Letzer Zugriff: 11.12.2018

(36.) Unfallkasse Nord (2008): Radfahren in der ersten und zweiten Klasse: Eine empirische Studie. www.uk-nord.de/fileadmin/

user_upload/pdf/publikationen/Radfahren_Klasse_1und2_Studie_SI_8972_SH.pdf, Letzer Zugriff: 11.12.2018

(37.) Bundesministerium für Verkehr, Innovation und Technologie (2015): Radfahren im Winter: Strategien zur Förderung des Radverkehrs in der kalten Jahreszeit. www.bmvit.gv.at/service/publikationen/verkehr/fuss_radverkehr/downloads/fahrenimwinter_leitfaden_v2.pdf, Letzer Zugriff: 11.12.2018

(38.) Unfallforschung der Versicherer a (2016): Fahrradstraßen und geöffnete Einbahnstraßen. https://udv.de/download/file/fid/9671, Letzer Zugriff: 11.12.2018

(39.) Unfallforschung der Versicherer (2017): Drei Jahre Fahrradstaffel der Berliner Polizei: UDV zieht positive Bilanz. https://udv.de/de/medien/mitteilungen/drei-jahre-fahrradstaffel-der-berliner-polizei, Letzer Zugriff: 11.12.2018

(40.) Bundesministerium für Verkehr, Bau und Stadtentwicklung (2012): Nationaler Radverkehrsplan 2020. www.bmvi.de/SharedDocs/DE/Anlage/VerkehrUndMobilitaet/Fahrrad/nationaler-radverkehrsplan-2020.pdf?__blob=publicationFile, Letzer Zugriff: 11.12.2018

(41.) Agentur für clevere Städte (2017): Wenn die Ladenkasse des Einzelhandels wegen der Rad-, Bus- und Bahnfahrer dreimal klingelt. https://clevere-staedte.de/projekt/für-den-verband-deutscher-verkehrsunternehmen-umweltverbund-bringt-einzelhandelsumsatz, Letzer Zugriff: 11.12.2018

(42.) Unfallforschung der Versicherer (2015): Radverkehr der Zukunft – sicher und komfortabel . https://nationaler-radverkehrsplan.de/sites/default/files/pdf/2015-11-09_9-fahrradkommunalkonferenz_ortlepp.pdf, Letzer Zugriff: 11.12.2018

(43.) Unfallforschung der Versicherer b (2016): Fahrradstraßen und geöffnete Einbahnstraßen. https://udv.de/download/file/fid/9671, Letzer Zugriff: 11.12.2018

(44.) Prof. Dr. Carsten Sommer, Universtität Kassel (2015): Kostenvergleich zwischen Radverkehr, Fußverkehr, Kfz- Verkehr und ÖPNV anhand von kommunalen Haushalten. www.uni-kassel.de/fb14bau/fileadmin/datas/fb14/Institute/IfV/Verkehrsplanung-und-Verkehrssysteme/Forschung/Projekte/Endbericht_NRVP_VB1211.pdf, Letzer Zugriff: 11.12.2018

(45.) Stern (2014): Fahrradpendler haben besseren Sex. www.stern.de/auto/news/mit-dem-fahrrad-zur-arbeit-fahrradpendler-haben-besseren-sex-3610256.html, Letzer Zugriff: 11.12.2018

(46.) Juliane Kernen (2015): Mobilität und Gesundheit – Ein Drittel weniger Krankheitstage durch moderate körperliche Bewegung auf dem Weg zur Arbeit. www.ecolibro.de/media/archive1/Mobilitaet_und_Gesundheit.pdf, Letzer Zugriff: 11.12.2018

(47.) Fahrradportal (2016): Deutsche Bahn bietet Mitarbeitern Firmenrad an. https://nationaler-radverkehrsplan.de/de/aktuell/nachrichten/deutsche-bahn-bietet-mitarbeitern-firmenrad, Letzer Zugriff: 11.12.2018

(48.) Initiative Clevere Städte b (2017): Verkehrswende-Rechner berechnet CO2-Fußabdruck je Stadt und Verlagerungspotential. https://clevere-staedte.de/blog/artikel/verkehrswende-rechner, Letzer Zugriff: 11.12.2018

(49.) Übermorgen, Hannoverschen Allgemeinen Zeitung (2017): Alptraum oder „Vision Zero" träumen?. https://uebermorgen.haz.de/2018/07/alptraum-oder-vision/, Letzer Zugriff: 11.12.2018

(50.) Verkehrsclub Österreich (2008): Sicherer Straßenverkehr durch Vision Zero. www.vcoe.at/publikationen/vcoe-schriftenreihe-mobilitaet-mit-zukunft/detail/sicherer-strassenverkehr-durch-vision-zero, Letzer Zugriff: 11.12.2018

(51.) Fahrradportal (2014): Studie zum Fahrraddiebstahl in 80 Städten veröffentlicht. https://nationaler-radverkehrsplan.de/de/aktuell/nachrichten/studie-zum-fahrraddiebstahl-80-staedten, Letzer Zugriff: 11.12.2018

(52.) City of Copenhagen (2017): Copenhagen. City of Cyclists. The Bicycle Account 2016. www.cycling-embassy.dk/wp-content/uploads/2018/02/CPH-Bicycle-Account-2016.pdf , Letzer Zugriff: 11.12.2018

(53.) Mobilitätsagentur Wien GmbH (2017): Fahrrad Report Wien 2016. www.fahrradwien.at/wp-content/uploads/sites/2/2016/10/FW_Radreport_2016_screen_final.pdf, Letzer Zugriff: 11.12.2018

(54.) Deutsche Bahn AG (2018): Bike+Ride-Offensive an Bahnhöfen: 100.000 neue Fahrradabstellplätze bis 2022. www1.deutschebahn.com/bikeandride, Letzer Zugriff: 11.12.2018

(55.) Changing Cities et al a (2018): Ein Radnetz für Berlin. https://changing-cities.org/presse/artikel/ein-radnetz-für-berlin-222, Letzer Zugriff: 11.12.2018

(56.) Changing Cities et al b (2018): Das Berliner Radverkehrsnetz der Zukunft Erläuterungen zum Entwurf der Berliner Verkehrs- und Umweltverbände. www.bund-berlin.de/fileadmin/berlin/publikationen/mobilitaet-pdf/radverkehr/Erlaeuterungen_zum_Radverkehrsnetz_Entwurf_4_Verbaende_20181011.pdf, Letzer Zugriff: 11.12.2018

(57.) Changing Cities et al c (2018): Netzdarstellung auf openstreetmap. http://umap.openstreetmap.fr/de/map/radnetz-berlin-presse-11102018_254441#11/52.5250/13.3916, Letzer Zugriff: 11.12.2018

(58.) Radschnellweg Metropole Ruhr (2016): RS1 – der schnellste Weg durchs Revier. www.rs1.ruhr/fileadmin/user_upload/RS1/pdf/RS1_Broschuere.pdf, Letzer Zugriff: 11.12.2018

(59.) Fahrradportal (2018): Wartezeiten an Ampeln verkürzen: Schneller Grün mit Smartphone-Apps in den Niederlanden. www.rs1.ruhr/fileadmin/user_upload/RS1/pdf/RS1_Broschuere.pdf, Letzer Zugriff: 11.12.2018

(60.) Verband Deutscher Verkehrsunternehmen (2015): Zukunftsszenarien autonomer Fahrzeuge Chancen und Risiken für Verkehrsunternehmen. www.vdv.de/position-autonome-fahrzeuge.pdfx, Letzer Zugriff: 11.12.2018

(61.) Initiative Clevere Städte b (2018): 20-Punkte-Plan zum Wirtschaftsverkehrsteil Mobilitätsgesetz der IHK Berlin vorgelegt. https://clevere-staedte.de/blog/artikel/Wirtschaftsverkehr-Mobilitaetsgesetz, Letzer Zugriff: 11.12.2018

(62.) Volksentscheid Fahrrad c (2018): Pressefotoarchiv Volksentscheid Fahrrad/Changing Cities. www.picdrop.de/volksentscheid-fahrrad/Presse, Letzer Zugriff: 11.12.2018

(63.) Daniel Doerk / it started with a fight (2018): Critical Mass Deutschland. http://itstartedwithafight.de/critical-mass-deutschland/, Letzer Zugriff: 11.12.2018

(64.) Bundesministerium für Verkehr und digitale Infrastruktur (2018): Der Deutsche Fahrradpreis 2018: Jurybegründung der Gewinnerprojekte in den Kategorien Infrastruktur, Service und Kommunikation. www.der-deutsche-fahrradpreis.de/fileadmin/bfb_dateien/Download_2018/Jurybegruendung_2018.pdf, Letzer Zugriff: 11.12.2018

(65.) Tagesspiegel (2016): Fahrrad-Volksentscheid sammelt mehr als 100.000 Unterschriften. https://video.tagesspiegel.de/fahrrad-volksentscheid-sammelt-mehr-als-100000-unterschriften.html, letzter Letzer Zugriff: 11.12.2018

(66.) Allgemeiner Deutscher Fahrrad-Club (2016): ADFC-Fahrradklimatest – die Ergebnisse 2016. www.fahrradklima-test.de/karte, Letzer Zugriff: 11.12.2018

(67.) Changing Cities e.V. (2018): Radentcheide in Deutschland. www.fahrrad-initiativen.de/pool?field_tags_art=All&field_tags_bundesland=All&field_tags_stadt=All&field_tags_kategorie=151&sort_bef_combine=random_1+DESC, Letzer Zugriff: 11.12.2018

(68.) AGFK MV (2018): Arbeitsgemeinschaft Fahrradfreundlicher Kommunen in Mecklenburg-Vorpommern., Letzer Zugriff: 11.12.2018

(69.) taz (2018): Die Politik muss Angst kriegen. www.taz.de/!167524/, Letzer Zugriff: 11.12.2018

(70.) Die Welt (2017): Der will doch nur Radeln (Print-Titel). https://lo.la.welt.de/user/redirect?redirectUrl=https%3A%2F%2Fwww.welt.de%2Fmotor%2Fplus166283346%2FEr-ist-Deutschlands-nervigster-Radfahrer.html&ticket=ST-A-910707-aocubY5yoMDI71spPq4u-sso-signin-server, Letzer Zugriff: 11.12.2018

Abbildungsverzeichnis

Danksagung

Dieses Buch über den erfolgreichen Volksentscheid Fahrrad und den wegweisenden Berlin-Standard wurde nur durch die Beiträge zahlreicher Menschen möglich.

So hat Norbert Michalke die beeindruckende Kampagne in Berlin mit seiner Kamera festgehalten und dabei mit professionellem Blick eindrucksvolle, spannende Momente eingefangen. Der Verein Changing Cities hat aus dieser umfangreichen Fotosammlung eine Auswahl der besten Werke zur Verfügung gestellt. Erst dadurch kann dieses Buch auch bildlich besondere Einblicke in die Kampagne des Volksentscheids Fahrrad geben. Vielen Dank dafür!

Die Idee des Volksentscheids Fahrrad lebt mittlerweile auch in vielen kleineren und größeren Städten fort. Welche fundierten Lösungen dabei entstehen, zeigt die Fotomontage einer geschützten Kreuzung in Darmstadt, die Florian Albert auf Grundlage einer Konzeption von Timm Kress erstellt hat (Seite 78). Beide engagieren sich für den Radentscheid Darmstadt und konnten damit zeigen, wie moderne Radinfrastruktur realisiert werden kann.

Die Grundschulkinder der Kleinfeldschule in Germering (Landkreis Fürstenfeldbruck) haben sich im Unterricht Gedanken über die kinderfreundliche Gestaltung einer geplanten Fahrradstraße vor ihrer Schule gemacht. Das Beispiel zeigt, wie sogar Kinder in die Neuplanung einbezogen werden können. Ein herzliches Dankeschön an die Schulleiterinnen Ute Woller und Veronika Schorsch für die Bereitstellung der tollen Bilder – die Auswahl fiel sehr schwer, eines der kleinen Kunstwerke sehen Sie auf Seite 64.

Die Stadt Osnabrück und die Agentur Tippingpoints zeigen mit dem Plakatmotiv zum Sicherheitsabstand beispielhaft, wie eine Kampagne für Verkehrssicherheit und zur Sensibilisierung der Verkehrsteilnehmer einprägsam gestaltet werden kann.

Bike Citizens legt mit seiner Heatmap auf Seite 74 dar, wie mit Hilfe von App-Daten die Bedeutung von Radverkehrsverbindungen objektiv gemessen werden und eine Grundlage für politische Entscheidungen sein kann, um ein qualitativ hochwertiges Radverkehrsnetz zu entwickeln. Wie ein gutes Netz aus hierarchischen Verbindungen konkret aussehen kann, zeigt am Beispiel Berlin der Kartenausschnitt auf Seite 102, den ADFC Berlin, Changing Cities, VCD Nordost und BUND Berlin entwickelt haben.

Wir freuen uns über zahlreiche weitere Bilder, Illustrationen und fachliche Beträge für dieses Buch und bedanken uns dafür insbesondere bei Burkhard Stork und dem Team der Bundesgeschäftsstelle des ADFC, Mikael Colville-Andersen, Katharina Ploog, Verena Kiesel, JobRad, Jan Evertz, Tim Birkholz, Mirko Lux, Yvonne Hagenbach und dem Vorstand von Changing Cities, dem Autor Heinrich Strößenreuther mit der Agentur für clevere Städte sowie dem i.n.s. – Institut für innovative Städte und natürlich allen, die den Volksentscheid Fahrrad erst möglich gemacht haben - darunter den Schreiberinnen und Schreibern des Radgesetzes und des Mobilitätsgesetzes, denn ohne sie hätten wir nicht über den Berlin-Standard schreiben können..

Heinrich Strößenreuther Thiemo Graf

P.S.: Nicht zu vergessen Levent Strößenreuther und Philipp Schreiterer, die uns für „Dit is Berlin!" die Übersetzung in Berliner Schnauze hingeschnoddert haben.

BERLINS DÄMLICHSTER RADWEG:
DER ZICK-ZACK-RADWEG IN DER
LEO-BAECK-STRASSE IN BERLIN-ZEHLENDORF.

P.S.: Dit is Berlin!

Ick find dit zwar schnieke, wat schon allet passiert ist und det die feinen Pinkel da oben mal langsam in ne Potten jekommn sind, aber dit is ja so: Die Hosenmatze müssen in ne Schule jehen. Und damit se och mal an ne frischen Luft schnuppern können, solln se in de Pedale treten. Dit findet der Senat ja och so.

Berlins berühmtester Radweg ist eckig – und spektakulär dämlich: der Zickzack-Radweg in Berlin-Zehlendorf. An sich gut gemeint, mit dem Pinsel den knappen Raum für die Kinder auf dem gemeinsamen Rad- und Gehweg zur Schule etwas verkehrssicherer zu machen zu wollen – aber die Ausführung war Berlin-typisch grottig, inzwischen korrigiert.

Jewollt, aber nüscht jekonnt Eener von nen Herren Oberbürgermeestern hat ditte och mal über unser jeliebte Hauptstadt jesacht: „Vorsicht, Sie verlassen den funktionierenden Teil Deutschlands". Dit is janüscht so vakehrt vonne Boris Palmer aus Tübingen. Ick meen, im eenen oder andern Kiez – dit sieht ja nen Blinder mit nem Krückstock Die Flitzpiepen pinseln auf der Straße janz nach´m Motto:„Wat darf Kunst? – Ick mal, wie ick mir fühle."

Den Berlin-Standard nur über den grünen Klee zu loben, ohne etwas Wasser in den Wein zu kippen, verbietet der Anstand. Dit is Berlin wirklich:

- Gepinselt werden weiter munter Scherzstreifen - außen weiß, innen grün, gesetzeswidrig, direkt auf den Asphalt, ohne physischen Schutz: Falschparker hält das nicht auf und für den Wahlkampf taugt es ooch nich.
- Tödliche Unfällen stören den Tiefschlaf im Senat und in den Bezirken eher nicht: Zehn Monate für etwas Farbe und ein paar Mini-Poller auf 30 Metern ist eine absurd lange Zeit, Aktivisten schafften das mehrfach in privater Initiative über Nacht.

Das man nüscht vadient, wenn man fürn Staat arbeitet, is ja keen Jeheimnis. Is ja klar, das denn keener malochen will. Wat globt ihrn, warum dit bislang fast nüscht jeworden is? Die ham sich alle von Aldi abwerben lassen oda nen schlanken Fuss jemacht.

- Viele Radverkehrsplaner-Stellen bleiben unbesetzt, weil gefühlt knapp über Mindestlohn bezahlt wird; 130 Planer brauchts, um 50 Mio. Euro für den Radverkehr pro Jahr zu verbauen – bei der „Effizienz" in Berlin mal gleich 50 mehr; so wurde in den ersten zwei Jahren gerade mal ein Zehntel des Budgets auf die Straßen der Hauptstadt gebracht, Beschleunigung noch nicht in Sicht. Auch wenn Berlin 70 neue Radverkehrskräfte einstellt hat, geht´s dem MobG wie dem BER: Beide kommen bislang nicht zum Fliegen.

Im Senat wird ja schon jewettet, wat se zuerst fertig bekomm: die Grünen tippn ja uff'n BER, die wollen halt keen Risiko einjehn.

- Immerhin wurden im Herbst 2018 – zwei Jahre nach Amtsantritt – feierlich die ersten 700 Meter gesetzeskonformer Radweg eingeweiht: Wenn das so weitergeht, werden die verbleibenden 3.999 km nach Adam Riese in 11.500 Jahren fertig gestellt. Die Einladung zur Abschlussparty für das Jahr 13.519 a.D. steht, versprochen!

„Die Bilanz von zwei Jahren grüner Verkehrspolitik in Berlin: 20 getötete Radfahrer, ein paar hundert Meter neue Radwege in grün statt in rot, absurd kurze Ampelphasen für Fußgänger", twitterte der Chefredakteur des Tagesspiegels nach zwei Jahren Rot-Rot-Grün.

Ick träum ja imma noch davon, das ick eenes Tages meene Kleinen sicher uffs Rad setzen und in ne Schule schicken kann.

Jahr für Jahr steigt der Radverkehr in Berlin um 10 bis 25 Prozent – alles Wählerinnen und Wähler, die an der nächsten Wahlurne über eine erfolgreiche Verkehrspolitik entscheiden werden: Falls Rot-Rot-Grün abgewählt werden sollte, dann nicht, weil es den Berlin-Standard und ein Mobilitätsgesetz gibt, sondern weil weder geliefert noch die Gesetzespflichten eingehalten werden.

P.S.: Sie, liebe Bürgermeisterinnen und Bürgermeister, Politikerinnen und Politiker, Rad-Engagierte und Lobbyisten für die Verkehrswende, Sie haben es nun in der Hand, Berlin den Standard vorzumachen, den Berlin-Standard.

Aus dem Verlagsprogramm

Was möglich ist – Der Radentscheid Bamberg

Erfolgsgeheimnisse einer kreativen Bürgerinitiative

BUCHBESCHREIBUNG

Inspiriert vom Volksentscheid Fahrrad in Berlin, war Bamberg die erste Stadt in Deutschland, in der Bürgerinnen und Bürger erfolgreich Unterschriften für eine bessere Radinfrastruktur gesammelt haben. Ihr Gründer Christian Hader erzählt die Geschichte der Bewegung, ihre Höhen und Tiefen und zeigt worauf es ankommt, damit eine Bürgerinitiative ihr Ziel erreicht.

Autor: Christian Hader
1. Auflage, 2019
ca. 100 Seiten
(farbig, bebildert), Hardcover
ISBN: 978-3-940217-27-1

Radverkehr von A bis Z

Universallexikon mit allen wichtigen Begriffen der Radverkehrsförderung und -planung

BUCHBESCHREIBUNG

Von A wie Abstellanlage bis Z wie Zielgruppe erhält der Leser jeweils auf einer übersichtlichen Doppelseite in kompakter und ansprechender Form alle wichtigen Informationen und Angaben zum jeweiligen Fachbegriff.

Herausgeber: i.n.s. – Institut für innovative Städte
1. Auflage, 2019
ca. 120 Seiten (farbig, bebildert), Hardcover
ISBN: 978-3-940217-26-4

Absurdes aus der Verkehrsplanung

humorvoll illustriert von Michael Hüter

Autor: Thiemo Graf
1. Auflage, 2017
30 Illustrationen mit Vorwort
und Epilog, Hardcover
ISBN: 978-3-940217-24-0

BUCHBESCHREIBUNG

Wie sähen unsere Straßen eigentlich aus, würden sie nach den gleichen Prinzipien geplant und gebaut, wie unsere Radwege? Der Radverkehrsexperte Thiemo Graf hat sich diese Frage gestellt und die Antworten von dem genialen Illustrator Michael Hüter mit spitzer Feder und ein wenig künstlerischer Freiheit zu Papier bringen lassen. Den Leser erwartet ein humorvoller Einblick in eine absurde Verkehrswelt, die sowohl dem Laien als auch dem Fachmann mit einem deutlichen Augenzwinkern zeigt, wie wir Radverkehr neu denken und planen müssen. Eine unterhaltsame Pflichtlektüre für jeden Mobilisten.

Absurde Tassen

Für einen entspannten Start in den Tag

Höhe: 100 mm
Inhalt randvoll: 0,25 Liter

EINZELN ODER ALS SET

Drei elegant geformte Kaffee- und Teetassen aus unserer beliebten Reihe "Absurdes aus der Verkehrsplanung". Die humorvollen Motive zaubern jedem Pedalritter ein vergnügtes Lächelns ins Gesicht. Das Set enthält die Motive "Bettelampel", "Nur kurz beim Bäcker" und "Linksabbiegen".

Geeignet für Spülmaschinen und Mikrowellen. Hochwertiger Thermosublimationsdruck.

Handbuch: Radverkehr in der Kommune

Nutzertypen, Infrastruktur, Stadtplanung, Marketing
Das Hygge-Modell – Ergänzungen zur ERA

Autor: Thiemo Graf
1. Auflage, 2016
408 Seiten (farbig, bebildert),
Hardcover
ISBN: 978-3-940217-19-6

BUCHBESCHREIBUNG

Die Wahl des Verkehrsmittels wird wesentlich von psychologischen Prozessen beeinflusst: subjektiven Empfindungen, Gewohnheiten und Routinen sowie der Wahrnehmung von Umwelt und Raum. Das Handbuch zeigt anschaulich und praxisnah auf, was Menschen vom Radfahren abhält und mit welchen Maßnahmen Kommunen den Modal Split-Anteil des Radverkehrs nachhaltig erhöhen können. Dafür werden vier klassische Nutzertypen mit ihren jeweiligen Bedürfnissen beschrieben sowie die kommunalen Handlungsfelder in den einzelnen Fachbereichen verständlich aufbereitet (interdisziplinäre Perspektive). Grundlage ist das vom Institut für innovative Städte auf Basis wissenschaftlicher Studien und umfassender Praxiserfahrungen entwickelte **Hygge-Modell** mit seinem integrativen Ansatz. Ein besonderes Augenmerk legt der Autor auf das Sicherheitsgefühl und beantwortet die Frage, wann die Führung des Radverkehrs im Seitenraum der Führung auf der Fahrbahn überlegen ist. Der Leser ist anschließend in der Lage zu erkennen, welche Faktoren im Radverkehr Stress erzeugen und wie eine attraktive, nutzerorientierte Radverkehrsförderung gestaltet werden kann.

Insofern dient das Handbuch als ideale Ergänzung zu den bestehenden Regelwerken wie der ERA (Empfehlungen für Radverkehrsanlagen) und macht es zu dem Standardwerk für Stadt- und Verkehrsplaner sowie Entscheider aus Politik und Verwaltung.

Eine abwechslungsreiche Mischung aus Best-Practice-Beispielen, Fallstudien, Gastbeträgen, Parallelen zu anderen Lebensbereichen und eine umfassende Bildersammlung aus dem In- und Ausland lassen das Handbuch zu einem spannenden und leicht lesbaren Nachschlagewerk werden.

"Welche Radverkehrsführung am meisten Menschen aufs Rad bringt, müssen Sozialwissenschaften sagen. Das ist keine Aufgabe für Ingenieure."

Burkhard Stork
Bundesgeschäftsführer des ADFC

"Die Menschen in unseren Kommunen wollen mehr Radverkehr, dafür muss sich die Verkehrsplanung noch stärker an ihren Bedürfnissen orientieren."

Matthias Dießl
Landrat des Landkreises Fürth
1. Vorsitzender der AGFK Bayern

Einrichtung von Fahrradstraßen

DIE BLAUE REIHE – Praxiswissen kompakt (Band 1)

Autor: Thiemo Graf
1. Auflage, 2019
ca. 168 Seiten
(farbig, bebildert), Softcover
ISBN: 978-3-940217-21-9

BUCHBESCHREIBUNG

Mit der Rechtsgrundlage zur Ausweisung von Fahrradstraßen hat der Gesetzgeber ein attraktives Instrument bereitgestellt, mit dem Städte und Gemeinden für Radfahrende vergleichsweise einfach ein durchgängiges Verkehrsnetz entwickeln können. In der Praxis ergeben sich für die Verantwortlichen in den Kommunalverwaltungen bei der Planung und Umsetzung jedoch zahlreiche Fragestellungen – darunter zu rechtlichen Themen, zur sicheren Gestaltung, zur Führung des Kfz-Verkehrs, zur Vorfahrtsregelung oder zum ruhenden Verkehr.

Der Leser erhält mit diesem informativen Ratgeber praxisorientierte Antworten und Entscheidungshilfen zur "richtigen" Einrichtung von Fahrradstraßen bei Neubau und im Bestand. Dazu stellt der Autor die vier Typen von Fahrradstraßen vor. Für die sichere Gestaltung der Strecken und Knotenpunkte enthält das Buch konkrete Planungsvarianten, die anhand von Planskizzen, Querschnitten, Maßangaben und Entscheidungstabellen anschaulich dargestellt werden. Zahlreiche Praxisbeispiele aus dem In- und Ausland sowie eine Fallstudie zur Bürgerbeteiligung geben dem Leser wertvolle Orientierung.